Wasserkefir für Anfänger

Die leckersten probiotischen Wasserkefir Rezepte für einen gesunden Darm, ein starkes Immunsystem und großen Genuss

Sandra Pipetz

WirmachenDruck.de
Sie sparen, wir drucken!

Email: info@edition-lunerion.de
www.edition-lunerion.de

Psiana eCom UG
Berumer Str. 44
26844 Jemgum

Vorwort

Genießen Sie im Sommer gerne einen prickelnd-erfrischenden Drink im sonnigen Garten? Mögen Sie es bei Getränken mal süß, dann wieder säuerlich, mal spritzig und dann sogar etwas cremig? Reizen Sie spannende Geschmackskombinationen und edle Aromen? Dann sollten Sie das nächste Glas unbedingt einmal mit einer Wasserkefir-Kreation füllen und sich von dem einzigartigen Genuss begeistern lassen. Und das Beste daran: Statt limonadiger Zuckersünde tun Sie Ihrem Körper hiermit auch noch etwas richtig Gutes! Wasserkefirgetränke begeistern die Menschheit schon seit Langem und zwar sowohl aufgrund ihres ganz besonderen Geschmacks als auch wegen ihrer unschlagbaren Gesundheitsvorteile. Denn die lebenden Mikroorganismen und Hefen, aus denen die Wasserkefirkristalle bestehen, sind ein wahrer Booster für eine intakte Darmflora – und deren herausragende Bedeutung für den gesamten menschlichen Organismus ist längst weithin bekannt. Angereichert mit Säften, Obst, Tees, Kokoswasser, Kräutern und vielem mehr entstehen mit den fleißigen Kulturen die unterschiedlichsten Getränke für alle Geschmäcker. Dank einfacher Variationen bei Fermentationszeit, Zuckerzugabe oder Abdichtung kommen Süßschnäbel genauso unkompliziert auf ihre Kosten wie Fans der „Sauer macht lustig“-Fraktion, wers gerne spritzig mag, lässt Kohlensäure entstehen und auch pikante, scharfe, cremige oder sogar schokoladige Rezepte finden Sie in diesem Buch!

Guten Appetit!

INHALT

Wissenswertes

Wasserkefir ist auch bekannt unter den Namen Japankristalle und Tibicos. Hierbei handelt es sich um ein prickelndes Getränk, das durch die kristallartigen Kulturen, den Wasserkefirkristallen, entsteht. Wo der Wasserkefir ursprünglich herkommt, weiß niemand genau. Die wahrscheinlichste Herkunftsstelle findet sich in Mexiko, dort bilden sich an den Früchten der Opuntia-Kakteen spontan ähnliche kristalline Strukturen, die sich von dem Nektar der Früchte ernähren.

Wasserkefirkristalle oder -knöllchen bilden einen sogenannten **SCOBY** (culture of bacteria and yeasts). Hierbei handelt es sich um eine Kultur von freundlichen **Bakterien und Hefen**, die symbiotisch miteinander leben. Sie ernähren sich von Zucker und Mineralien, welche sie in Milchsäuren und andere organische Säuren umwandeln. Bei diesem Prozess entstehen zudem verschiedene **B-Vitamine**, **CO_2** und viele **gute Enzyme**. Die Kefirkristalle variieren in der Größe und können zwischen 2 und 20 mm groß werden. Sie haben eine weiche, gelatineartige Konsistenz und nehmen die Farbe der Flüssigkeit an, in der sie sich befinden.

Die häufigsten Mikrobenstämme sind:

Bakterien im Wasserkefir

- Acetobakter: orientalis, fabarum
- Laktobazillen: brevis, casei, hilgardii, nagelii, hordei
- Streptococcus: thermophilus, lactis
- Leuconostoc: mesenteroides, citreum

Hefen im Wasserkefir

- Saccharomyces Radaisii
- Dekkera bruxellensis
- Henseniaospora vabyensis
- Saccharomyces cerevisiae
- Saccharomyces boulardii
- Saccharomyces pastorianus
- Lachancea fermantati
- Zygotorulaspora florentina

Wasserkefirkristalle bestehen aus lebenden Mikroorganismen und Hefen, sie vermehren sich unablässig, 30 g dieser kleinen Knöllchen in einem Liter sind ideal, es dürfen aber auch mehr sein. Sollten sich zu viele Kristalle in der Relation zur Flüssigkeit befinden, ist es besser, einen Teil zu entfernen, die Mikroorganismen würden sich sonst bei der Nahrungsaufnahme gegenseitig behindern.

Wohin mit überschüssigen Kristallen?

Die überschüssigen Kristalle können ideal **verschenkt** werden oder in einem weiteren Gefäß für neue leckere Getränkevariationen **angesetzt** werden. Es lohnt sich auch immer, ein kleines Gefäß mit Kefirkristallen im Kühlschrank aufzubewahren, für den Fall, dass die anderen Wasserkefirkulturen versterben oder anderweitig verloren gehen. Hierfür kann einfach ein verschließbares Gefäß mit einer Zuckerlösung aus 350 ml Wasser und 30 g Zucker verwendet werden. So aufbewahrt, halten sich die Kristalle für 3-4 Wochen im Kühlschrank. Nach Ablauf dieser Zeit sollte die Zuckerlösung ausgetauscht und noch einmal neu angesetzt werden, da die Mikrobenkulturen sonst verhungern würden. Im Kühlschrank aufbewahrte Kristalle brauchen nach dieser Kälteperiode immer etwas Zeit, um sich wieder zu reaktivieren, hierfür sollten 2- 3 Durchgänge mit dem klassischen Wasserkefiransatz durchgeführt werden.

DEN WASSERKEFIR ANSETZEN

Geeignete Gefäße

Da der Wasserkefir unablässig CO_2 produziert, würde sich in einem fest verschlossenen Gefäß der Druck immer mehr aufbauen. Es gibt spezielle Gläser für Fermentationen, die das Gas hinaus-, aber keine Luft hineinlassen. Die Preise für solche **Fermentationsgläser** oder Gäraufsätze beginnen ab 10 €. Mit einfachen Mitteln lässt sich Wasserkefir aber auch brauen. Eine Variante besteht darin, den Wasserkefir in ein fest verschlossenes Gefäß zu füllen und es immer mal wieder zu öffnen, um das überschüssige Gas entweichen zu lassen. Allerdings kann gerade im Sommer schnell viel Druck entstehen und zum anderen darf das Öffnen des Gefäßes nicht vergessen werden. Wird der Deckel des Gefäßes nur leicht geschlossen, kann das Gas entweichen und der Inhalt ist vor groben Verschmutzungen sicher. Hier eignen sich Weckgläser gut oder Gläser mit Schraubverschluss.

Insekten lieben Wasserkefir, ein leicht verschlossenes Glas sollte daher einbruchsicher sein. Ein Stück feinmaschiger Stoff aus Baumwolle oder Leinen ist hier gut geeignet. Sie können das Tuch direkt über ein offenes Gefäß legen und mit einem Gummi spannen. Das Tuch kann aber auch über ein leicht geschlossenes Gefäß gelegt werden, sodass das Gas noch entweichen, aber keine ungebetenen Gäste oder Schmutz hinein können. Damit der Ansatz gelingt, sollten Sie **mit sauberen Utensilien** und gewaschenen Händen **arbeiten**.

Zucker

Die Mikroorganismen im Wasserkefir benötigen eine zuckerhaltige Flüssigkeit. Werden Säfte verwendet, so enthalten diese bereits Zucker. Wasser oder Tees benötigen die Zugabe eines glucose- oder fructosehaltigen Mittels, geeignet sind Haushaltszucker, Rohrzucker, Melasse, Agavendicksaft, Honig und Sirup. Künstliche Süßstoffe sind ungeeignet, da sie keine Nährmittel für die Mikroorganismen bilden, das gilt auch für Stevia. Mit der Verwendung von anderen Zuckermitteln verändert sich der Geschmack, so können viele spannende Geschmacksvariationen ausprobiert werden. Da sich die Mikroorganismen von dem Zucker ernähren, wird dieser nach und nach abgebaut, möchten Sie ein zuckerarmes Getränk zu sich nehmen, dann lassen Sie den Wasserkefir einfach länger fermentieren.

Flüssigkeit

Neben dem Zucker ist eine mineralhaltige Flüssigkeit für eine gute Gesundheit der Mikroorganismen wichtig, im harten Leitungswasser finden sich ausreichend Mineralien. Bei weichem oder gefiltertem Wasser kann einfach eine kleine Prise Salz oder Natron noch mit hinzugegeben werden. Die Flüssigkeit sollte kalt oder lauwarm sein, bei heißem Wasser würden die Mikrobenkulturen absterben. Sie können auch Kokoswasser, Tee oder Saft verwenden.

Obst

Als zusätzliches Nährmittel für die Kristalle sollten **Trockenfrüchte** hinzugegeben werden, Trockenfrüchte haben den Vorteil, dass sie sich länger halten und mehrfach verwendet werden können. Die Früchte geben den Mikrobenkulturen die nötigen Mineralien, Stickstoff und Spurenelemente. Achten Sie bei dem Kauf darauf, dass diese ungeschwefelt sind, besonders gelbe Aprikosen sind häufig geschwefelt. Schwefel ist für die in den Kristallen enthaltenen Mikroorganismen schädlich. Anstatt Trockenfrüchte können auch wunderbar frische Früchte verwendet werden. Da sie sich aber nicht so lange halten wie die Trockenfrüchte, sollten sie mit jedem Ansatz ausgetauscht werden. Trockenfrüchte hingegen lassen sich **mehrfach verwenden** und können ausgetauscht werden, sobald sie schrumpelig oder aufgezehrt aussehen.

Um seinen Kefirkristallen etwas Gutes zu tun, sollte Bio verwendet werden, da Pestizide für sie schädlich sind. Frische, gespritzte Früchte lassen sich ohne Schale gut verwenden. Größere Fruchtstücke sind besser geeignet, da sie sich anschließend leicht von den Kefirkristallen trennen lassen. Obst und auch Gemüse sollten immer klein geschnitten werden, damit die Mikroorganismen gut an den enthaltenen Zucker herankommen und der Geschmack gut in das Getränk übergehen kann. Kleine Beeren, wie zum Beispiel Blaubeeren, sollten ebenfalls zerteilt werden, da die freundlichen Bakterien sonst Schwierigkeiten haben, durch die Schale an das Fruchtinnere zu kommen. Wer sich nicht die Mühe machen möchte, kann auch einfach gefrorene Beeren verwenden.

Säure

Die Kefirkristalle mögen es sauer, daher sollte immer etwas **Zitrussaft** mit hinzukommen, ideal eignet sich hierfür Zitrone oder Limette. Das Ansäuern der Flüssigkeit schafft ein angenehmes Milieu für die Kefirkulturen und macht es unerwünschten Mikroorganismen oder Kahmhefe schwer, sich zu vermehren. Wer keinen Zitrussaft möchte, kann einfach immer etwas fertigen Wasserkefir hinzugeben, er besitzt bereits ausreichend Säuren. Die Schale von Zitrusfrüchten enthält viel Aroma und füttert die Mikroorganismen. Das Weiß der Zitronenschale gibt zusätzliche Bitterstoffe ab, wodurch der fertige Wasserkefir an Bitter Lemon erinnern kann. Wer diesen Geschmack nicht mag, kann die Zitronenschale einfach weglassen oder mit dem Sparschäler 2-3 dünne Streifen gelber Zitronenschale hinzugeben.

Wasserkefir mit Säften ansetzen

Während der Erstfermentation kann der Saft die Zitrone und die Trockenfrucht ersetzen, entscheidend hierfür ist die Saftsorte, da die meisten Säfte reichlich Zucker und auch Mineralien enthalten. Für den Wasserkefir sind in der Regel **alle Saftsorten geeignet**. Säfte, die wenig Zucker enthalten, sollten nachgesüßt werden, um den Mikroorganismen ausreichend Nahrung zu bieten. Es kann einfach eine kleine Menge Zucker hinzugegeben werden oder ein Teil wird mit einem sehr süßen Saft ersetzt. Saure Säfte wie Zitronen-, Orangen- und Ananassaft sollten mit etwas Wasser verdünnt werden. Bei Früchten und Säften verläuft die Fermentation häufig schneller, daher sollte auch hier regelmäßig abgeschmeckt werden. Idealerweise sollten **Biosäfte** benutzt werden, da chemische Inhaltsstoffe die Fermentation hemmen können.

Alkohol im Wasserkefir

Im Laufe der Fermentation wird auch etwas Alkohol gebildet. Insbesondere bei der Verwendung von Früchten oder Säften kann dies recht schnell vorkommen. In der Regel besitzt Wasserkefir nicht sehr viel mehr Alkohol als ein alkoholfreies Bier oder eine reife Banane. Im Zweifelsfall reicht es, den Wasserkefir einfach zu kosten, da sich der Alkohol gut herausschmecken lässt.

Erstfermentation

Die Erstfermentation erfolgt immer mit den Kefirkristallen, hier sollte daher auf **ausreichend Nahrung** für die Kristalle geachtet werden. Für die Fermentation können verschiedene Früchte oder auch Kräuter hinzugegeben werden. Vermeiden Sie sehr kleine Zutaten, da es später recht mühselig ist, diese von den Kristallen zu trennen. Die Erstfermentation kann so lange erfolgen, wie Nahrung für die Mikroorganismen vorhanden ist. Sie können den angesetzten Sud auch nur ein paar Stunden oder mehrere Tage ziehen lassen.

Zweitfermentation

Die Zweitfermentation erfolgt **ohne** die **Wasserkefirkristalle**. Die in der Flüssigkeit enthaltenen Mikroorganismen und Enzyme reichen für die weitere Fermentation aus. Der Vorteil besteht darin, dass sich der Wasserkefir noch einmal ganz neu erleben lässt. Jetzt können auch sehr kleine Zutaten hinzugegeben werden oder welche, die den Kristallen schaden würden.

Wann ist mein Wasserkefir fertig?

Der Wasserkefir ist fertig, sobald er Ihnen am besten schmeckt. Es kann ganz einfach mit einem Strohhalm oder einem Löffel gekostet werden. **Je länger** der Wasserkefir steht, **desto saurer** und hefiger wird er, es lohnt sich also, jeden Tag eine kleine Kostprobe zu nehmen. **Je wärmer** es ist, **desto schneller** schreitet die Fermentation voran. Sobald Sie mit dem Geschmack zufrieden sind, sieben Sie die Flüssigkeit ab und stellen sie in den Kühlschrank, durch die Kälte wird der Fermentationsprozess verlangsamt.

Aufbau von Kohlensäure

Damit die in der Flüssigkeit lebenden Mikroorganismen Kohlensäure aufbauen können, ist es nötig, dass noch ein geringer **Restzucker** in dem Getränk vorhanden ist, der die Mikroorganismen ausreichend füttert. Um Kohlensäure aufzubauen, muss eine gut verschließbare Flasche (Bügelflasche) genutzt werden. Die Flasche sollte bei Zimmertemperatur 2-4 Tage stehen. Hier sollte täglich kontrolliert werden, wie viel Kohlensäure bereits vorhanden ist. Öffnen Sie dafür einfach kurz den Bügelverschluss: Nehmen Sie ein kräftiges Zischen wahr, ist ausreichend Kohlensäure aufgebaut. Die Flasche kann dann gut verschlossen in den Kühlschrank gestellt werden, durch die Kälte wird die weitere Fermentation verlangsamt und der fertige Wasserkefir ist eine Woche gekühlt haltbar. Ab und an sollte hier dennoch der Druck kontrolliert werden.

Sollten Sie eine fest verschlossene Flasche für ein paar Tage mal nicht geöffnet haben, stellen Sie die Flasche am besten erst einmal für 2-3 Stunden in den Kühlschrank, kalte Flüssigkeit sprudelt nicht so schnell hoch. Öffnen Sie die Flasche anschließend vorsichtig und ggf. draußen oder in der Duschkabine. Mögen Sie keine Kohlensäure? Geben Sie den fertigen Wasserkefir in eine Schraubflasche und verschließen Sie den Deckel nur sehr leicht, so kann ein Großteil des gebildeten Gases entweichen.

Metall und Wasserkefir

Da bei der Fermentation viele Säuren entstehen, sollten der Wasserkefir und die Kristalle **nicht mit Metall** und vor allem nicht mit Aluminium **in Kontakt kommen**. Dadurch können sich Ionen aus dem Metall lösen, welche ungesund auf unseren Organismus wirken. Edelstahl wird nicht von den Säuren angegriffen und kann daher problemlos verwendet werden. Ansonsten können alle anderen Materialien wie Glas, Kunststoff usw. problemlos verwendet werden.

HÄUFIGE FRAGEN

Schmeckt Wasserkefir zu stark?

Der Grund hierfür ist in der Regel, dass der Wasserkefir **zu lange fermentierte**. Mit einem Strohhalm lässt sich schnell und einfach kosten, ob das Getränk bereits die richtige Reife hat. Bei sehr warmer Zimmertemperatur fermentiert der Wasserkefir schneller. Sollte Ihnen die Fermentation zu schnell voranschreiten, kann der Wasserkefir an einen kühleren Ort gestellt werden. Zu viele Kefirkristalle in der Flüssigkeit können auch ein Grund sein. Reduzieren Sie die Kristalle auf 30 g pro Liter.

Müssen die Kefirkristalle abgespült werden?

Die Kristalle sollten **nicht abgespült** oder abgewaschen werden, da es die Kulturen schwächen könnte, ein einfaches **Absieben** reicht völlig aus.

Wie kann ich das Wachstum meiner Kefirkristalle erhöhen?

Wasserkefirkristalle vermehren sich bei Kälte sehr langsam, an **warmen Orten** vermehren sie sich schneller. **Ausreichend Zucker und Mineralien** lassen die Kristalle zudem schneller wachsen. Außerdem sollten die Kristalle immer wieder neu angesetzt werden, ein klassischer Ansatz aus Wasser, Zucker und Trockenfrüchten eignet sich am besten.

Zum Wachstum benötigen die Kristalle auch ausreichend Mineralien, je härter das verwendete Wasser ist, desto mehr Mineralien enthält es. Bei sehr weichem Wasser kann eine kleine Prise Salz oder eine kleine Prise Natron hinzugegeben werden. Auch ein kleiner Teelöffel Melasse oder Zuckerrübensirup enthält viele Nährstoffe und wichtige Spurenelemente, die den Kristallen einen zusätzlichen Wachstumsschub geben können.

Was tun, wenn der Wasserkefir schleimig wird?

Es gibt Mikroorganismen im Wasserkefir, die diesen Schleim produzieren können, es handelt sich hierbei also nicht um eine ungesunde Substanz. Um vorhandenen Schleim zu entfernen, gießen Sie die Kristalle in ein Sieb und spülen Sie sie kurz ab. Anschließend sollte für 2-3 Ansätze das klassische Ansatzrezept aus Wasser, Zucker und Zitronensaft verwendet werden. Alternative Zuckersorten wie Kokosnussblütenzucker oder Ähnliche enthalten oft zu viele Nährstoffe und können daher die Schleimproduktion begünstigen.

Was tun, wenn sich eine Schicht auf der Oberfläche des Wasserkefirs absetzt?

Schaum auf der Oberfläche des Wasserkefirs ist **völlig normal** und entsteht während des Brauvorganges. Eine weiße, glatte Schicht spricht immer für Kahmhefe. Kahmhefe ist nicht gesundheitsschädlich und kann auch mitgetrunken werden, beeinflusst jedoch den Geschmack. Um eine weitere Vermehrung zu verhindern, sollten die Kristalle abgesiebt, kurz abgespült und neu angesetzt werden. Zitronensaft verhindert die Bildung von Kahmhefe. Sollte die Schicht pelzig sein oder andere Farben als Weiß besitzen, handelt es sich meist um Schimmel, in jeden Fall sollte der komplette Wasserkefir mitsamt Kristallen in diesem Fall entsorgt werden.

Kann man mit dem Wasserkefir pausieren?

Wenn Sie in den Urlaub fahren und einmal keine Lust oder Zeit haben, um sich um den Wasserkefir zu kümmern, ist das kein Problem. Sie können die Kefirkristalle einer bekannten Person leihen oder sie im Kühlschrank aufbewahren. Hierfür werden sie in ein verschließbares Gefäß mit einer Zuckerlösung gegeben. Für die Zuckerlösung sind 60 g Zucker in 750 ml Wasser gut geeignet. Durch die Kälte im Kühlschrank verlangsamen sich das Wachstum und die Nahrungsaufnahme, daher ist eine Überbrückung von 3-4 Wochen möglich. Möchten Sie länger als 4 Wochen mit der Wasserkefirproduktion pausieren, sollten Sie nach Ablauf der 4 Wochen die Zuckerlösung noch einmal neu ansetzen und in diesem Rhythmus fortfahren, da die Kefirkristalle sonst verhungern würden.

Eine weitere Möglichkeit ist das Einfrieren, allerdings könnten die Mikroben mit dem Einfrieren absterben oder sich nicht mehr richtig reaktivieren. Möchten Sie die Pause beenden und wieder mit dem Brauen des Wasserkefirs beginnen, sollten die Kefirkristallen 2-3 Durchläufe mit dem klassischen Ansatz aus Wasser, Zucker und Zitronensaft erhalten. Bei den ersten beiden Durchläufen kann es sein, dass der Wasserkefir etwas anders schmeckt, was sich aber mit der Zeit wieder normalisieren wird.

Leben meine Kefirkulturen noch?

Um zu sehen, ob die Mikroorganismen noch leben, sollte ein klassischer Ansatz aus Wasser, Zucker und Zitronensaft verwendet werden. Geben Sie den Kristallen **3 Tage** Zeit, es sollten sich Bläschen bilden. Findet keine Bewegung in der Flüssigkeit statt oder ist der Geschmack stark verändert, sind die Kulturen tot und sollten entsorgt werden.

Klassische Ansätze

KLASSISCHER ANSATZ

3 Port. | 1-3 Tage | Leicht

Zutaten

750 ml Wasser
30 g Wasserkefirkristalle
60 g Zucker Vollrohrzucker, Rohrzucker, Haushaltszucker
30 g Trockenfrüchte ungeschwefelte Feigen, Datteln, Rosinen, Aprikosen
1-2 Scheiben Zitronen, unbehandelt

Nährwerte p. P.

80 kcal
20 g Kohlenhydrate
0 g Fett
0 g Eiweiß

1 Geben Sie das Wasser in ein geeignetes Gefäß, das Idealmaß wäre bei diesem Rezept ein 1-Liter-Gefäß.

2 Lösen Sie den Zucker in dem Wasser auf, bevor die Kristalle hinzukommen. Um den Prozess des Auflösens zu beschleunigen, können Sie lauwarmes Wasser verwenden.

3 Geben Sie die restlichen Trockenfrüchte und die Zitrone hinzu und ganz zum Schluss die Kefirkristalle.

4 Sollte das Gefäß einen Schraubverschluss haben, darf dieser nicht ganz zugedreht werden, da die entstehenden Gase sonst zu viel Druck aufbauen würden. Gläser mit Schraubverschluss sollten jeden Tag einmal kurz geöffnet und somit gelüftet werden. Andere Gefäße können mit einem feinmaschigen Stoff wie Baumwoll- oder Leinenstoff verdeckt und mit einem Gummi fest verschlossen werden.

5 Nach 1-3 Tagen, je nach Raumtemperatur und eigenem Geschmack, ist der Wasserkefir fertig.

6 Geben Sie hierfür das Getränk durch ein Plastiksieb, die dabei aufgefangene Flüssigkeit kann gleich verzehrt oder im Kühlschrank aufbewahrt werden. Die Kefirkristalle werden erneut angesetzt oder zur Aufbewahrung in eine Zuckerlösung gegeben.

WASSERKEFIR MIT KOKOSWASSER ANSETZEN

4 Port. | 1-3 Tage | Leicht

Zutaten

30 g Wasserkefirkristalle
1 L Kokoswasser
2 bis 3 Scheiben Bio-Zitrone

Nährwerte p. P.

24 kcal
4 g Kohlenhydrate
1 g Fett
0 g Eiweiß

1 Geben Sie das Kokoswasser in ein geeignetes Gefäß zusammen mit den restlichen Zutaten.

2 Lassen Sie alles für 1-3 Tage bei Zimmertemperatur ziehen.

Tipp: Nach einem Ansatz mit Pflanzen- oder Nussmilch sollten Sie die Wasserkefirkristalle mit einem klassischen Ansatz (Wasser oder Tee) ansetzen, um sie ausreichend zu füttern.

WASSERKEFIR MIT PFLANZEN-/ NUSSMILCH ANSETZEN

4 Port. | 1-3 Tage | Leicht

Zutaten

1 L Pflanzen- oder Nussmilch nach Wahl
30 g Wasserkefirkristalle

Nährwerte p. P.

82 kcal
5 g Kohlenhydrate
5 g Fett
5 g Eiweiß

1 Geben Sie die Wasserkefirkristalle in die Pflanzenmilch und lassen Sie alles für 1-2 Tage bei Zimmertemperatur ziehen.

Tipp: Nach einem Ansatz mit Pflanzen- oder Nussmilch sollten Sie die Wasserkefirkristalle mit einem klassischen Ansatz (Wasser oder Tee) ansetzen, um sie ausreichend zu füttern.

Ansatz mit Tee

ORANGIGER WASSERKEFIR

4 Port. | 3-7 Tage | Leicht

Zutaten

1200 ml Orangen-Früchtetee
80 g Rohrohrzucker
5 Scheiben Bio-Orangen
2 entsteinte Datteln
50 g Wasserkefirkristalle
Spritzer Zitronensaft

Nährwerte p. P.

65 kcal
16 g Kohlenhydrate
0 g Fett
0 g Eiweiß

1 Lösen Sie den Zucker in dem Tee auf.

2 Geben Sie die restlichen Zutaten in den abgekühlten Tee.

3 Lassen den Wasserkefir für 1-3 Tage, je nach Zimmertemperatur und Geschmack, gären.

WASSERKEFIR MIT KRÄUTERTEE

4 Port. | 1-3 Tage | Leicht

Zutaten

1 L Wasser
30 g Wasserkefirkristalle
Kräutertee nach Wahl
80 g Kandiszucker
1 daumenbreites Stück Ingwer
4 Datteln
Spritzer Zitronensaft

Nährwerte p. P.

80 kcal
20 g Kohlenhydrate
0 g Fett
0 g Eiweiß

1 Bereiten Sie den Tee mit dem Liter Wasser nach Packungsanleitung vor.

2 Lösen Sie den Zucker im Tee auf und lassen Sie ihn abkühlen.

3 Nehmen Sie das Ingwerstück und schneiden Sie es in Scheiben. Geben Sie es mit den restlichen Zutaten in den Tee.

4 Lassen Sie alles bei Raumtemperatur für 1-3 Tage ziehen, bis die gewünschte Süße erreicht ist.

WASSERKEFIR MIT FENCHELTEE

4 Port. | 1-3 Tage | Leicht

Zutaten

800 ml Wasser
30 g Wasserkefirkristalle
Fencheltee
4 Zitronenscheiben
30 g Wasserkefir
60 g Vollrohrzucker
3 Gurkenscheiben

Nährwerte p. P.

60 kcal
15 g Kohlenhydrate
0 g Fett
0 g Eiweiß

1 Bereiten Sie den Fencheltee nach Packungsbeilage mit 800 ml Wasser zu.

2 Lösen Sie den Zucker in dem noch warmen Tee auf und lassen Sie ihn anschließend abkühlen.

3 Geben Sie die restlichen Zutaten in den Fencheltee und lassen Sie alles bei Zimmertemperatur für 1-3 Tage ziehen.

WASSERKEFIR MIT RHABARBER UND GRÜNEM TEE

4 Port. | 1-3 Tage | Leicht

Zutaten

1 Liter Wasser
3-4 TL Grüner Tee
70 g Rohrohrzucker
2 getrocknete Feigen
1 Scheibe einer Bio-Zitrone
1-2 Stangen Rhabarber
30-50 g Wasserkefir-kristalle

Nährwerte p. P.

70 kcal
18 g Kohlenhydrate
0 g Fett
0 g Eiweiß

1 Lösen Sie den Zucker im Wasser auf.

2 Schneiden Sie den Rhabarber in fingerdicke Scheiben.

3 Geben Sie die restlichen Zutaten in das Wasser und lassen Sie es für 1-3 Tage bei Zimmertemperatur ziehen.

Tipp.: Grüner Tee wird beim Kochen schnell bitter, ein Kaltwasser-Auszug löst weniger Bitterstoffe. Geben Sie für eine mildere Variante den Grünen Tee so in das kalte Wasser, für einen intensiveren Geschmack gießen Sie den Tee mit heißem Wasser nach Packungsbeilage auf und lassen ihn zusammen mit den restlichen Zutaten ziehen.

MATCHA-LIMETTEN-SODA

6 Port. | 2-5 Tage | Leicht

Zutaten

Für die Erstfermentation:
1 L Wasser
100 ml Zuckerrübensirup
30 g Wasserkefirkristalle
3 Limetten-Scheiben
3 getrocknete Feigen

Für die Zweitfermentation:
1 L Wasserkefir aus der Erstfermentation
240 ml Limettensaft
5 Minzblätter
5 St. kandierter Ingwer
4 TL Matcha

Nährwerte p. P.

86 kcal
20 g Kohlenhydrate
0 g Fett
2 g Eiweiß

1 Lösen Sie den Sirup im Wasser auf.

2 Geben Sie die restlichen Zutaten für die Erstfermentation mit hinzu.

3 Lassen Sie alles bei Raumtemperatur für 1-3 Tage ziehen.

4 Sieben Sie den Wasserkefir ab.

5 Geben Sie alle Zutaten für die Zweitfermentation in ein geeignetes Gefäß und lassen Sie es bei Zimmertemperatur erneut 1-2 Tage ziehen.

Ansatz mit Kräutern

WASSERKEFIR MIT KRÄUTERN

4 Port. | 1-3 Tage | Leicht

Zutaten

1 Liter Wasser
3 Scheiben Bio-Zitrone
2 EL Wasserkefirkristalle
2 EL Zitronensaft, frisch gepresst
80 g Rohrohrzucker
1 Handvoll frische Kräuter (z. B. Minze, Thymian, Rosmarin, Salbei, Lavendel, französischer Estragon, Lemon-Agastache)
2-3 Scheiben frischer Ingwer

Nährwerte p. P.

82 kcal
21 g Kohlenhydrate
0 g Fett
0 g Eiweiß

1 Lösen Sie den Zucker im Wasser auf.

2 Geben Sie die restlichen Zutaten hinzu und lassen Sie alles bei Zimmertemperatur für 1-3 Tage ziehen.

WASSERKEFIR MIT LIMETTE UND MINZE

4 Port. | 1-3 Tage | Leicht

Zutaten

2 unbehandelte Limetten
1 L Wasser
60 g Zucker
30 g Wasserkefirkristalle
30 g Cranberrys
3 frische Minzstiele

Nährwerte p. P.

62 kcal
16 g Kohlenhydrate
0 g Fett
0 g Eiweiß

1 Lösen Sie den Zucker im Wasser auf.

2 Halbieren Sie die Limetten und pressen Sie den Saft aus, geben Sie den Limettensaft und die ausgepressten Limettenhälften in das Zuckerwasser.

3 Geben Sie die restlichen Zutaten mit hinzu und lassen Sie den Sud 1-3 Tage, je nach Geschmack und Zimmertemperatur, ziehen.

WASSERKEFIR APFEL-THYMIAN

4 Port. | 1-3 Tage | Leicht

Zutaten

1 L Wasser
30 g Wasserkefirkristalle
80 g Zucker (Vollrohrzucker, Rohrzucker, Haushaltszucker)
1-2 Scheiben Zitrone (unbehandelt)
40 g Apfelwürfel
4 frische Thymianzweige

Nährwerte p. P.

81 kcal
20 g Kohlenhydrate
0 g Fett
0 g Eiweiß

1 Lösen Sie den Zucker in dem Wasser auf.

2 Geben Sie die restlichen Zutaten hinzu und lassen Sie die Kefirkristalle für 1-3 Tage, je nach Raumtemperatur und Geschmack, arbeiten.

WASSERKEFIR WALDMEISTER ART

4 Port. | 3-7 Tage | Leicht

Zutaten

Für die Erstfermentation:
1 L Wasser
50 g Zucker
50 g Wasserkefirkristalle
1 Handvoll Rosinen oder andere Trockenfrüchte (ungeschwefelt!)
½ Zitrone

Für die Zweitfermentation:
5-10 Stängel Waldmeister
15 g weiße Rosinen
optional grüne Lebensmittelfarbe

Nährwerte p. P.

54 kcal
14 g Kohlenhydrate
0 g Fett
0 g Eiweiß

1 Binden Sie die Waldmeisterstängel und lassen Sie diese kopfüber trocknen, erst ab einer Trocknungszeit von 12 Stunden und mehr entfalten sie ihr typisches Aroma.

2 Lösen Sie den Zucker in dem Wasser auf und geben Sie anschließend die restlichen Zutaten für die Erstfermentation mit hinzu.

3 Lassen Sie den Sud für 1-3 Tage bei Raumtemperatur stehen. Fertig ist der Wasserkefir, sobald er den gewünschten Geschmack erreicht. Sieben Sie die Flüssigkeit ab.

4 Geben Sie die restlichen Zutaten für die Zweitfermentation zu dem Wasserkefir und bewahren Sie die Flüssigkeit für 2-4 Tage im Kühlschrank auf, bis der gewünschte Geschmack erreicht ist.

CRANBERRY-ROSMARIN-WASSERKEFIR

4 Port. | 1-3 Tage | Leicht

Zutaten

1 L Wasser
30 g Wasserkefirkristalle
110 ml Reissirup
30 g Cranberrys, getrocknet
3 Scheiben Orangen
2 kleine Zweige Rosmarin
Spritzer Zitronensaft

Nährwerte p. P.

107 kcal
27 g Kohlenhydrate
0 g Fett
0 g Eiweiß

1 Lösen Sie den Reissirup in dem Wasser auf.

2 Geben Sie tiefgekühlte Cranberrys hinzu, damit ausreichend Saft austritt. Sollten Sie getrocknete Cranberrys verwenden, halbieren Sie diese, damit die im Wasserkefir befindlichen Mikroorganismen keine Schwierigkeiten haben, in das Fruchtinnere zu gelangen.

3 Geben Sie nun die restlichen Zutaten hinzu und lassen Sie es für 1-3 Tage ziehen.

Wasserkefir mit Blüten

WASSERKEFIR MIT HIBISKUS

3 Port. | 2-5 Tage | Leicht

Zutaten

Für die Erstfermentation:
750 ml Wasser
30 g Wasserkefirkristalle
60 ml Ahornsirup
1 kandierte Hibiskusblüte (oder 20 g Trockenfrüchte nach Wahl)
3 Scheiben Blutorange

Für die Zweitfermentation:
Wasserkefir aus der Erstfermentation
2 TL getrocknete Hibiskusblüten (oder 2 kandierte Hibiskusblüten)
½ Blutorange
5 Minzblätter

Nährwerte p. P.

74 kcal
19 g Kohlenhydrate
0 g Fett
0 g Eiweiß

1 Lösen Sie den Sirup in dem Wasser auf.

2 Geben Sie die restlichen Zutaten für die Erstfermentation mit in das Zuckerwasser und lassen Sie den Sud 1-3 Tage ziehen.

3 Sieben Sie den Wasserkefir ab.

4 Schneiden Sie die Blutorange in Scheiben.

5 Vermengen Sie alle Zutaten für die Zweitfermentation und geben Sie diese in ein geeignetes Gefäß. Lassen Sie alles für 1-2 Tage ziehen.

WASSERKEFIR MIT ROSE

4 Port.
1-3 Tage
Leicht

1 Geben Sie alle Zutaten in ein geeignetes Gefäß und lassen Sie den Sud bei Raumtemperatur für 1-3 Tage ziehen.

Zutaten

1 Liter Kokoswasser
4 EL Wasserkefirkristalle
2 EL Rosenwasser
1 Zimtstange oder eine andere Aromazutat

Nährwerte p. P.

27 kcal
4 g Kohlenhydrate
1 g Fett
0 g Eiweiß

WASSERKEFIR MIT SAFRAN UND ROSE

4 Port. | 1-2 Tage | Leicht

Zutaten

1 L Wasser
3 EL Wasserkefirkristalle
3 EL Rohrzucker
1 getrocknete Feige
1 getrocknete Dattel
10 Sultaninen
¼ TL Melasse
3 EL Rosenwasser
3 Safranfäden

Nährwerte p. P.

59 kcal
12 g Kohlenhydrate
1 g Fett
0 g Eiweiß

1 Lösen Sie den Zucker und die Melasse in dem Wasser auf.

2 Geben Sie alle Zutaten in ein geeignetes Gefäß und lassen Sie den Sud bei Raumtemperatur für 1-2 Tage ziehen.

PFEFFRIGER WASSERKEFIR MIT LINDENBLÜTEN

4 Port. | 2-5 Tage | Leicht

Zutaten

Für die Erstfermentation:
800 ml Wasser
30 g Wasserkefirkristalle
70 g Zucker
30 g Datteln
3 Scheiben Zitrone oder großzügigen Spritzer Zitronensaft

Für die Zweitfermentation:
Wasserkefir aus der Erstfermentation
1 Handvoll tiefgekühlte Himbeeren
1 Handvoll Lindenblüten
1 TL schwarze Pfefferkörner

Nährwerte p. P.

97 kcal
22 g Kohlenhydrate
1 g Fett
0 g Eiweiß

1 Lösen Sie den Zucker in dem Wasser auf.

2 Geben Sie die restlichen Zutaten für die Erstfermentation mit in das Zuckerwasser und lassen Sie den Sud 1-2 Tage ziehen.

3 Zerstoßen Sie die Pfefferkörner leicht.

4 Sieben Sie den fertigen Wasserkefir ab und geben Sie die Zutaten für die Zweitfermentation mit hinzu.

5 Lassen Sie die Limonade erneut für 1-3 Tage bei Zimmertemperatur ziehen.

WASSERKEFIR MIT HOLUNDERBLÜTEN

4 Port. | 1-3 Tage | Leicht

Zutaten

1 L Wasser
60 g Rohrohrzucker
1 EL Zitronensaft
2 Scheiben einer Bio-Zitrone
3-4 entsteinte Datteln
3-4 Dolden Holunderblüten
50 g Wasserkefirkristalle

Nährwerte p. P.

85 kcal
19 g Kohlenhydrate
1 g Fett
0 g Eiweiß

1 Lösen Sie den Zucker im Wasser auf.

2 Geben Sie die restlichen Zutaten mit hinzu und lassen Sie alles für 1-3 Tage, je nach Geschmack und Zimmertemperatur, ziehen.

WASSERKEFIR MIT PFIRSICH UND LAVENDEL

4 Port. | 2-6 Tage | Leicht

Zutaten

Für die Erstfermentation:
1 L Wasser
30 g Wasserkefirkristalle
50 g Zucker
30 g Kokosnussblütenzucker
½ Zitrone
1 Pfirsich

Für die Zweitfermentation:
1 L Wasserkefir
1 EL Lavendelblüten
2 Pfirsiche

Nährwerte p. P.

72 kcal
18 g Kohlenhydrate
0 g Fett
0 g Eiweiß

1 Lösen Sie Zucker und Kokosnussblütenzucker in dem Wasser auf.

2 Schälen Sie den Pfirsich und schneiden Sie ihn in Würfel.

3 Pressen Sie den Zitronensaft aus und geben Sie ihn mit der Schale zusammen mit den Zutaten für die Erstfermentation in ein geeignetes Gefäß.

4 Lassen Sie alles für 1-3 Tage bei Zimmertemperatur ziehen.

5 Sieben Sie den fermentierten Wasserkefir ab.

6 Schälen und würfeln Sie die Pfirsiche.

7 Geben Sie die Würfel mit den restlichen Zutaten für die Zweitfermentation in ein geeignetes Gefäß und lassen Sie es erneut für 1-3 Tage ziehen.

Wasserkefir mit Früchten

BIRNEN-KIRSCH-WASSERKEFIR

4 Port. | 3-7 Tage | Leicht

Zutaten

Für die Erstfermentation:
800 ml Wasser
30 g Wasserkefirkristalle
70 ml Honig
20 g Trockenfrüchte, z. B. ungeschwefelte Aprikosen
10 g Ingwer
1-2 Scheiben Zitronen, unbehandelt

Für die Zweitfermentation:
ca. 800 ml Wasserkefir aus der Erstfermentation
1 Handvoll Süßkirschen
½ reife Birne
5 Zimtblüten
1 Thymianzweig

Nährwerte p. P.

57 kcal
14 g Kohlenhydrate
0 g Fett
0 g Eiweiß

1 Lösen Sie für die Erstfermentation den Honig in dem Wasser auf.

2 Geben Sie die restlichen Zutaten der Erstfermentation mit hinzu.

3 Lassen Sie den Wasserkefir für 1-3 Tage, je nach Raumtemperatur und Geschmack, gären.

4 Gießen Sie den fertigen Wasserkefir durch ein Sieb ab.

5 Würfeln Sie die Birne und entsteinen Sie die Kirschen.

6 Geben Sie alle Zutaten der Zweitfermentation in ein geeignetes Gefäß und lassen Sie es im Kühlschrank für 2-4 Tage ruhen.

7 Kontrollieren Sie dabei täglich den Flaschendruck.

BANANEN-WASSERKEFIR

4 Port. | 1-3 Tage | Leicht

Zutaten

1 L Wasser
30 g Wasserkefirkristalle
80 g Zucker
30 g getrocknete Bananen (naturgetrocknete Bananen, keine frittierten Bananenchips verwenden)
3 Scheiben Zitrone oder großzügigen Spritzer Zitronensaft

Nährwerte p. P.

81 kcal
20 g Kohlenhydrate
0 g Fett
0 g Eiweiß

1 Lösen Sie den Zucker im Wasser auf.

2 Geben die restlichen Zutaten mit hinzu.

3 Lassen Sie den Wasserkefir für 1-3 Tage, je nach Witterung und Geschmack, ruhen.

BLAUBEER-WASSERKEFIR

4 Port. | 1-3 Tage | Leicht

Zutaten

1 L Wasser
1 Prise Salz
2 TL Ahornsirup
50 g Wasserkefirkristalle
25 g Zucker
1 Handvoll gefrorene Blaubeeren

Nährwerte p. P.

37 kcal
9 g Kohlenhydrate
0 g Fett
0 g Eiweiß

1 Lösen Sie den Sirup, den Zucker und das Salz im Wasser auf.

2 Geben Sie die restlichen Zutaten hinzu und lassen Sie alles für 1-3 Tage, je nach Geschmack und Zimmertemperatur, ziehen.

BLAUBEER-INGWER-LIMONADE

2 Port. | 2-4 Tage | Leicht

Zutaten

Für die Erstfermentation:
500 ml Wasser
2 Zitronenscheiben
30 g Zucker
10 g Kokosnussblütenzucker
30 g Wasserkefirkristalle
1 EL getrocknete Blaubeeren (alternativ andere Trockenfrüchte)

Für die Zweitfermentation:
2 EL Zitronensaft
3 EL frische Blaubeeren
½ TL frischer Ingwer, geschält und gehackt
500 ml Wasserkefir

Nährwerte p. P.

88 kcal
21 g Kohlenhydrate
0 g Fett
0 g Eiweiß

1 Lösen Sie Zucker und Kokosnussblütenzucker in dem Wasser auf.

2 Geben Sie die restlichen Zutaten für die Erstfermentation mit hinzu und lassen Sie alles bei Zimmertemperatur für 1-3 Tage ziehen.

3 Sieben Sie den Wasserkefir ab.

4 Geben Sie den Zitronensaft, den Ingwer und die Blaubeeren in einen Mixer und pürieren Sie das Ganze zu einem Brei.

5 Geben Sie den Wasserkefir mit in den Mixer und pürieren Sie kurz auf niedriger Stufe, um alles zu vermengen.

6 Geben Sie den Saft in ein geeignetes Gefäß und lassen Sie ihn für 24 Stunden bei Raumtemperatur erneut fermentieren.

GRANATAPFEL-WASSERKEFIR-LIMO

4 Port. | 1-2 Tage | Leicht

Zutaten

1 L Wasser
30 g Wasserkefirkristalle
60 g Zucker
2 Scheiben Zitrone
1 EL Granatapfel-Sirup
2 EL Granatapfelkerne
10 Minzblätter

Nährwerte p. P.

70 kcal
18 g Kohlenhydrate
0 g Fett
0 g Eiweiß

1 Lösen Sie Zucker und Sirup in dem Wasser auf.

2 Geben Sie die restlichen Zutaten hinzu und lassen Sie alles bei Zimmertemperatur für 1-2 Tage ziehen.

WASSERKEFIR MIT MAULBEEREN

4 Port. | 1-3 Tage | Leicht

Zutaten

1 L Wasser
30 g Wasserkefirkristalle
80 g Zucker
30 g getrocknete Maulbeeren
2 Scheiben unbehandelte Zitrone

Nährwerte p. P.

81 kcal
20 g Kohlenhydrate
0 g Fett
0 g Eiweiß

1 Lösen Sie den Zucker im Wasser auf.

2 Geben Sie die restlichen Zutaten hinzu und lassen Sie alles 1-3 Tage ziehen, bis der gewünschte Geschmack erreicht ist.

PFLAUMEN-INGWER-LIMONADE

4 Port. | 1-3 Tage | Leicht

Zutaten

1 L Wasser
50 g Vollrohrzucker
1 EL Melasse
2-3 getrocknete Pflaumen
70 g Ingwer
2 Scheiben einer Bio-Zitrone
1 EL Zitronensaft
½ Vanilleschote
1 Zimtstange
30 g Wasserkefirkristalle

Nährwerte p. P.

61 kcal
15 g Kohlenhydrate
0 g Fett
0 g Eiweiß

1 Lösen Sie den Zucker und die Melasse in dem Wasser auf.

2 Schälen Sie den Ingwer und schneiden Sie ihn in Scheiben.

3 Halbieren Sie die Vanilleschote längs und geben Sie eine Hälfte zusammen mit den restlichen Zutaten in das Zuckerwasser.

4 Lassen Sie die Limonade für 1-3 Tage an einem warmen Ort ziehen.

EINFACHES WASSERKEFIR-MANGO-REZEPT

4 Port. | 1-3 Tage | Leicht

Zutaten

30 g Wasserkefirkristalle
1 L Wasser
½ Bio-Mango
80 g weißer Zucker

Nährwerte p. P.

82 kcal
21 g Kohlenhydrate
0 g Fett
0 g Eiweiß

1 Lösen Sie den Zucker im Wasser auf.

2 Schälen und würfeln Sie die Mango.

3 Vermengen Sie alle Zutaten und lassen Sie alles bei Zimmertemperatur für 1-3 Tage ziehen.

MINZIGE MANGO-KEFIR-LIMO

4 Port. | 2-5 Tage | Leicht

Zutaten

Für die Erstfermentation:
30 g Wasserkefirkristalle
1 Liter Wasser
80 g Zucker
30 g ungeschwefelte Feigen
2 Zitronenscheiben

Für die Zweitfermentation:
1 L Wasserkefir
½ Mango
1 Handvoll Minzblätter

Nährwerte p. P.

81 kcal
20 g Kohlenhydrate
0 g Fett
0 g Eiweiß

1 Lösen Sie für die Erstfermentation den Zucker im Wasser auf und geben Sie anschließend die restlichen Zutaten hinzu.

2 Lassen Sie den Sud für 1-3 Tage, je nach Geschmack und Zimmertemperatur, ruhen.

3 Sieben Sie den fertigen Wasserkefir aus und geben Sie den abgesiebten Wasserkefir in ein neues Gefäß.

4 Schälen und würfeln Sie die Mango, waschen Sie die Minzblätter und geben Sie beides zu dem Wasserkefir.

5 Lassen Sie die Wasserkefir-Limonade für 1-2 Tage im Kühlschrank ziehen.

WASSERKEFIR MIT RHABARBER UND ERDBEEREN

4 Port. | 1-3 Tage | Leicht

Zutaten

30 g Wasserkefirkristalle
1 L Wasser
60 g Rhabarber
40 g Erdbeeren
60 g Zucker
2 Zitrone
1 Handvoll frische Minzblätter

Nährwerte p. P.

64 kcal
16 g Kohlenhydrate
0 g Fett
0 g Eiweiß

1 Lösen Sie den Zucker in dem Wasser auf.

2 Waschen Sie die Früchte und schneiden Sie diese in Scheiben.

3 Geben Sie alle Zutaten in das Zuckerwasser und lassen Sie alles bei Zimmertemperatur für 1-3 Tage ziehen.

WASSERKEFIR KIBA

4 Port. | 1-3 Tage | Leicht

Zutaten

1 L Wasser
30 g Wasserkefirkristalle
80 g Zucker
20 g getrocknete Sauerkirschen
20 g getrocknete Bananen (keine frittierten Bananenchips verwenden)
2 Scheiben unbehandelte Zitrone

Nährwerte p. P.

81 kcal
20 g Kohlenhydrate
0 g Fett
0 g Eiweiß

1 Lösen Sie den Zucker im Wasser auf.

2 Geben Sie die restlichen Zutaten hinzu und lassen Sie alles bei Zimmertemperatur für 1-3 Tage ziehen.

WASSERKEFIR MIT ERDBEEREN UND STAUDENKNÖTERICH

4 Port. | 2-6 Tage | Leicht

Zutaten

Für die Erstfermentation:
800 ml Wasser
30 g Wasserkefirkristalle
60 g Vollrohrzucker
3 Zitronenscheiben
2 getrocknete Feigen
1 St. Ingwer (Daumendick)

Für die Zweitfermentation:
ca. 800 ml Wasserkefir aus einer abgeschlossenen Erstfermentation
2 EL japanischer Staudenknöterich, in Stückchen geschnitten
2 EL Erdbeeren, in Stückchen geschnitten
3 grüne Kardamomkapseln, angestoßen

Nährwerte p. P.

61 kcal
15 g Kohlenhydrate
0 g Fett
0 g Eiweiß

1 Lösen Sie den Zucker in dem Wasser auf.

2 Schälen Sie den Ingwer und schneiden Sie ihn in Scheiben.

3 Geben Sie alle Zutaten für die Erstfermentation in ein geeignetes Gefäß und lassen Sie alles bei Zimmertemperatur für 1-3 Tage ziehen.

4 Sieben Sie den fermentierten Wasserkefir aus der Erstfermentation ab.

5 Stoßen Sie den Kardamom an.

6 Waschen und würfeln Sie die Erdbeeren.

7 Schneiden Sie den japanischen Staudenknöterich in Stücke und geben Sie ihn mit den restlichen Zutaten für die Zweitfermentation in ein geeignetes Gefäß. Lassen Sie alles bei Raumtemperatur für 1-3 Tage fermentieren.

MELONE MIT WASSERKEFIR

4 Port. | 8-24 Std. | Leicht

Zutaten

1 EL Wasserkefirkristalle
1 EL Rohrzucker
300 g Melone
100 ml Apfelsaft
100 g Salatgurke
1 Zweig frische Minze

Nährwerte p. P.

108 kcal
24 g Kohlenhydrate
1 g Fett
1 g Eiweiß

1 Waschen und zupfen Sie die Minze.

2 Wiegen Sie 300 g Melonenwürfel ab.

3 Geben Sie das Obst, den Apfelsaft und die Minze in einen Mixer und pürieren Sie alles zu einem Saft.

4 Geben Sie den Saft in ein geeignetes Gefäß und lösen Sie darin den Zucker auf.

5 Geben Sie anschließend die Wasserkefirkristalle hinzu und lassen Sie alles für 8-24 Stunden bei Raumtemperatur fermentieren.

Ansatz mit Gewürzen

GEWÜRZAPFEL-CIDER

5 Port. | 1-3 Tage | Leicht

Zutaten

Für den Saft:
2 ½ L ungefilterter Apfelsaft
2 Zimtstangen
1 Esslöffel Nelken
1 Esslöffel Piment
Schale einer Orange

Für die Fermentation:
750 ml Wasserkefir nach einem klassischen Ansatz (siehe Kapitel klassische Ansätze)
reduzierter Gewürzapfelsaft

Nährwerte p. P.

188 kcal
42 g Kohlenhydrate
1 g Fett
1 g Eiweiß

1 Geben Sie die Zutaten für den Saft in einen großen Topf und lassen Sie es für 6 Stunden leicht köcheln.

2 Lassen Sie den Gewürzsaft auf Zimmertemperatur abkühlen und vermengen Sie ihn anschließend mit dem Wasserkefir.

3 Lassen Sie den Wasserkefir für 1-3 Tage bei Zimmertemperatur ziehen.

PFLAUMEN-GEWÜRZ-WASSERKEFIR

4 Port. | 1-3 Tage | Leicht

Zutaten

30 g Wasserkefirkristalle
1 l Wasser
60 g Bio-Pflaumen
60 g Rohrohrzucker
1 TL Zimt
1 TL Vanille

Nährwerte p. P.

61 kcal
15 g Kohlenhydrate
0 g Fett
0 g Eiweiß

1 Lösen Sie den Zucker im Wasser auf.

2 Entsteinen Sie die Pflaumen und schneiden Sie diese in grobe Stücke.

3 Geben Sie die restlichen Zutaten mit hinzu und lassen Sie alles für 1-3 Tage, je nach Geschmack und Zimmertemperatur, ziehen.

GESUNDER WASSERKEFIR-KURKUMADRINK

4 Port. | 1-3 Tage | Leicht

Zutaten

3 frische Kurkumawurzeln
½ frische Ingwerwurzel
½ TL schwarze Pfefferkörner
1 L Wasser
80 g Rohrzucker
30 g Wasserkefirkristalle

Nährwerte p. P.

81 kcal
20 g Kohlenhydrate
0 g Fett
0 g Eiweiß

1 Schälen und würfeln Sie die Kurkumawurzeln.

2 Geben Sie die Wurzelstückchen mit den Pfefferkörnern und dem Liter Wasser in einen Topf. Lassen Sie alles 30 Minuten köcheln und anschließend abkühlen.

3 Sieben Sie den Kurkumatee ab, geben Sie ggf. noch Wasser nach, um einen Liter zu erhalten.

4 Lösen Sie den Zucker im Kurkumatee auf.

5 Schälen Sie den Ingwer und schneiden Sie ihn in Scheiben. Geben Sie die Scheiben mit den Wasserkefirkristallen in den Tee und lassen Sie alles bei Raumtemperatur für 1-3 Tage ziehen.

WASSERKEFIR-WURZELBIER

8 Port. | 1-3 Tage | Leicht

Zutaten

2 L Wasser
¼ Tasse getrocknete Sassafrasrinde
¼ Tasse getrocknete Sarsaparilla-Wurzel
¼ Tasse getrocknete Birkenrinde
1 Zimtstange
½ Tasse Zucker
1 ½ EL Melasse
¾ Tasse Wasserkefirkristalle
½ frische Ingwerwurzel

Nährwerte p. P.

61 kcal
15 g Kohlenhydrate
0 g Fett
0 g Eiweiß

1 Geben Sie die Rinden und die Sarsaparilla-Wurzel in einen Topf mit dem Wasser, lassen Sie alles 20 Minuten köcheln.

2 Lassen Sie den Sud abkühlen und sieben Sie ihn ab. Lösen Sie anschließend den Zucker und die Melasse darin auf.

3 Schneiden Sie den Ingwer in dünne Scheiben und geben Sie ihn zusammen mit den restlichen Zutaten in den Wurzelsud.

4 Lassen Sie alles bei Raumtemperatur für 1-3 Tage ziehen.

GINGER ROOT BEER

4 Port.

1-3 Tage

Leicht

Zutaten

1 L Wasser
30 g Wasserkefirkristalle
60 g Zucker
1 TL Melasse
2 Feigen
daumenbreites Stück Ingwer
½ Zitrone

Nährwerte p. P.

63 kcal
16 g Kohlenhydrate
0 g Fett
0 g Eiweiß

1 Lösen Sie Zucker und Melasse in dem Wasser auf.

2 Schneiden Sie den Ingwer in Scheiben.

3 Geben Sie alle Zutaten in ein geeignetes Gefäß und lassen Sie es bei Raumtemperatur für 1-3 Tage ziehen.

WEIHNACHTLICHER WASSERKEFIR

4 Port. | 1-3 Tage | Leicht

Zutaten

1 L Wasser
1 Bio-Orange, in Scheiben
1 halbe Bio-Limette
30 g Wasserkefirkristalle
1 daumengroßes Stück frischer Ingwer
1 Stange Zimt
1 ganzer Sternanis
80 g Rohrohrzucker
1-2 TL Früchtetee

Nährwerte p. P.

86 kcal
21 g Kohlenhydrate
0 g Fett
0 g Eiweiß

1 Kochen Sie den Früchtetee mit dem Liter Wasser ab.

2 Lösen Sie den Zucker in dem Tee auf und lassen Sie alles abkühlen.

3 Schälen Sie den Ingwer und schneiden Sie ihn in Scheiben.

4 Geben Sie alle Zutaten in den Tee und lassen Sie alles für 1-3 Tage ziehen.

SCHARFER WASSERKEFIR

4 Port. 1-3 Tage Leicht

Zutaten

1 L warmes Wasser
½ Bio-Zitrone
2 EL Wasserkefirkristalle
3 EL Zucker
3 EL Honig
1 daumengroßes Stück Ingwer
1 kleine rote Chilischote (frisch oder getrocknet)

Nährwerte p. P.

57 kcal
14 g Kohlenhydrate
0 g Fett
0 g Eiweiß

1 Lösen Sie den Zucker und den Honig in dem warmen Wasser auf.

2 Schälen Sie den Ingwer und schneiden Sie ihn in Scheiben.

3 Halbieren Sie die Chilischote und entfernen Sie die Kerne.

4 Sobald das Zuckerwasser abgekühlt ist, geben Sie alle Zutaten in das Wasser und lassen die scharfe Limonade für 1-3 Tage ruhen.

MEDITERRANER WASSERKEFIR

4 Port. | 2-6 Tage | Leicht

Zutaten

Für die Erstfermentation:
800 ml Wasser
30 g Wasserkefirkristalle
60 g Agavendicksaft
2 getrocknete Feigen (ungeschwefelt)
3 Zitronenscheiben

Für die Zweitfermentation:
ca. 800 ml Wasserkefir aus der Erstfermentation
2-3 frische reife Feigen
1 Rosmarinzweig

Nährwerte p. P.

91 kcal
23 g Kohlenhydrate
0 g Fett
0 g Eiweiß

1 Lösen Sie den Agavendicksaft im Wasser auf und geben Sie die restlichen Zutaten der Erstfermentation mit hinzu.

2 Lassen Sie alles 1-3 Tage, je nach Geschmack, ziehen.

3 Sieben Sie den Wasserkefir ab.

4 Waschen und vierteln Sie die Feigen.

5 Geben Sie alle Zutaten für die Zweitfermentation in ein geeignetes Gefäß und lassen Sie alles erneut für 1-3 Tage ziehen.

WASSERKEFIR MIT VANILLEKAFFEE

4 Port. | 2-6 Tage | Leicht

Zutaten

Für die Erstfermentation:
800 ml Wasser
30 g Wasserkefirkristalle
100 g Kokosnussblütenzucker
3 Zitronenscheiben (unbehandelt)
2 EL Rosinen

Für die Zweitfermentation:
800 ml Wasserkefir aus der Erstfermentation
1 Handvoll geröstete Kaffeebohnen
1-2 Thymianzweige
½ Vanilleschote (oder ½ TL Vanilleextrakt)

Nährwerte p. P.

29 kcal
7 g Kohlenhydrate
0 g Fett
0 g Eiweiß

1 Lösen Sie Zucker im Wasser auf und geben Sie die restlichen Zutaten der Erstfermentation mit hinzu.

2 Lassen Sie alles 1-3 Tage, je nach Geschmack, ziehen.

3 Sieben Sie den fertig fermentierten Wasserkefir ab.

4 Schneiden Sie die Vanilleschote längs auf.

5 Geben Sie die halbe Vanilleschote zusammen mit den restlichen Zutaten für die Zweitfermentation in ein geeignetes Gefäß und lassen Sie alles erneut für 1-3 Tage ziehen, bis der gewünschte Geschmack erreicht ist.

WASSERKEFIR MIT VANILLE UND CHIA

4 Port. | 2-5 Tage | Leicht

Zutaten

Für die Erstfermentation:
3 EL Rohzucker
1 L Wasser
1 getrocknete Feige
1 getrocknete Dattel
10 Sultaninen
¼ TL Melasse
3 EL Wasserkefirkristalle

Für die Zweitfermentation:
800 ml Wasserkefir aus der Erstfermentation
3 EL Rosenwasser
1 EL Chiasamen
½ TL Bourbon-Vanille
1 TL essbare getrocknete Rosenblätter (optional)

Nährwerte p. P.

74 kcal
16 g Kohlenhydrate
1 g Fett
1 g Eiweiß

1 Lösen Sie Zucker und Melasse in dem Wasser auf.

2 Geben Sie die restlichen Zutaten hinzu und lassen Sie alles für 1-3 Tage fermentieren.

3 Sieben Sie den Wasserkefir ab.

4 Geben Sie die Zutaten für die Zweitfermentation in den Wasserkefir und lassen Sie alles für 1-2 Tage ziehen.

KEFIRKAFFEE MIT ZIMTBLÜTEN

4 Port. | 2-6 Tage | Leicht

Zutaten

Für die Erstfermentation:
800 ml Wasser
30 g Wasserkefirkristalle
80 ml Ahornsirup
2 Scheiben Zitrone
2 EL Sultaninen

Für die Zweitfermentation:
ca. 800 ml Wasserkefir aus einer abgeschlossenen Erstfermentation
1 gute Handvoll geröstete Kaffeebohnen
1 kleines Stück Vanilleschote (aufgeschnitten)
6 Zimtblüten

Nährwerte p. P.

82 kcal
18 g Kohlenhydrate
1 g Fett
1 g Eiweiß

1 Lösen Sie Ahornsirup im Wasser auf und geben Sie die restlichen Zutaten der Erstfermentation mit hinzu.

2 Lassen Sie alles 1-3 Tage nach Geschmack ziehen.

3 Sieben Sie den fertig fermentierten Wasserkefir ab.

4 Schneiden Sie die Vanilleschote längs auf.

5 Geben Sie die halbe Vanilleschote zusammen mit den restlichen Zutaten für die Zweitfermentation in ein geeignetes Gefäß und lassen Sie alles erneut für 1-3 Tage ziehen, bis der gewünschte Geschmack erreicht ist.

Ansatz mit Saft

ALOE-VERA-WASSERKEFIR-DRINK

2 Port. | 1-3 Tage | Leicht

Zutaten

15 g Wasserkefirkristalle
500 L Wasser
40 g Rohrohrzucker
3 Erdbeeren
3 Scheiben Gurke
2 Zitronenscheiben
2 EL Aloe-Vera-Saft, selbst gemacht oder gekauft

Nährwerte p. P.

108 kcal
23 g Kohlenhydrate
1 g Fett
1 g Eiweiß

1 Lösen Sie den Zucker in dem Wasser auf.

2 Waschen und vierteln Sie die Erdbeeren.

3 Geben Sie die Erdbeeren, die Gurkenscheiben, die Zitronenscheiben und die Wasserkefirkristalle in das Zuckerwasser.

4 Lassen Sie den Sud 1-3 Tage, je nach Geschmack und Zimmertemperatur, ruhen. Geben Sie das fertige Getränk durch ein Kunststoffsieb und vermengen Sie den fertigen Wasserkefir mit dem Aloe-Vera-Saft. Geben Sie die Erdbeeren und Gurkenstücken mit in den fertigen Drink.

TOMATENSAFT MIT WASSERKEFIR

4 Port. | 8-24 Std. | Leicht

Zutaten

1 Flasche oder Tetrapack Tomatensaft
1-2 EL Kefirkristalle
1 EL Zucker

Nährwerte p. P.

48 kcal
10 g Kohlenhydrate
0 g Fett
2 g Eiweiß

1 Geben Sie den Zucker in den Saft und warten Sie, bis er sich aufgelöst hat.

2 Schütteln Sie den Saft gut durch und geben Sie anschließend die Wasserkefirkristalle direkt in die Saftflasche. Schließen Sie den Deckel nur leicht, damit das CO_2 entweichen kann.

3 Lassen Sie den Saft bei Zimmertemperatur 8-24 Stunden fermentieren.

MÖHREN-INGWERSAFT MIT WASSERKEFIR

3 Port. | 8-24 Std. | Leicht

Zutaten

1 EL Wasserkefirkristalle
1 EL Rohrzucker
400 ml Möhrensaft
1 Apfel
150 ml Ananassaft
5 g frischer Ingwer

Nährwerte p. P.

107 kcal
23 g Kohlenhydrate
1 g Fett
1 g Eiweiß

1 Schälen und würfeln Sie den Apfel und das Ingwerstück.

2 Geben Sie die Ingwer- und Apfelwürfel mit dem Ananassaft in einen Mixer, pürieren Sie beides zu einem Smoothie.

3 Geben Sie den Smoothie mit den restlichen Zutaten in ein geeignetes Gefäß.

4 Lassen Sie den Saft bei Zimmertemperatur für 8-24 Stunden ziehen.

WASSERKEFIR-HOLUNDER-LIMONADE

4 Port. | 2-6 Tage | Leicht

Zutaten

Für die Erst-fermentation:
500 ml Wasser
20 g Wasserkefirkristalle
30 g Zucker
3 Zitronenscheiben
3 Aprikosen (ungeschwefelt)

Für die Zweit-fermentation:
300 ml Holundersaft
3 EL Honig
500 ml Wasserkefir

Nährwerte p. P.

94 kcal
23 g Kohlenhydrate
0 g Fett
0 g Eiweiß

1 Lösen Sie den Zucker im Wasser auf.

2 Geben Sie die restlichen Zutaten für die Erstfermentation mit hinzu.

3 Lassen Sie den Sud für 1-3 Tage bei Zimmertemperatur ziehen.

4 Sieben Sie den Wasserkefir ab.

5 Lösen Sie den Honig in dem Saft auf und vermengen Sie diesen mit dem Wasserkefir.

6 Lassen Sie die Limonade für 1-3 Tage ziehen.

Ansatz mit Kokosnusswasser

ERDBEER-KOKOS-WASSERKEFIR

6 Port. | 1-3 Tage | Leicht

Zutaten

Für die Erstfermentation:
250 ml Kokosnusswasser
250 ml Wasser
20 g Wasserkefirkristalle
40 g Zucker
2 Zitronenscheiben
15 g getrocknete Erdbeeren (alternativ Trockenfrüchte)

Für die Zweitfermentation:
500 g Erdbeeren
750 ml Wasser
500 ml Wasserkefir

Nährwerte p. P.

60 kcal
13 g Kohlenhydrate
0 g Fett
1 g Eiweiß

1 Lösen Sie den Zucker in dem Wasser auf.

2 Vermengen Sie alle Zutaten für die Erstfermentation und lassen Sie alles 1-2 Tage ziehen.

3 Pürieren Sie die Erdbeeren und gießen Sie diese mit dem Wasser und dem abgesiebten Wasserkefirgetränk auf.

4 Lassen Sie die Erdbeerlimonade für 4-6 Stunden ziehen.

WASSERKEFIR PINA COLADA

4 Port. | 1-3 Tage | Leicht

Zutaten

30 g Wasserkefirkristalle
1 L Kokoswasser
3 Scheiben Bio-Zitrone
3 EL Ananaswürfel

Nährwerte p. P.

28 kcal
4 g Kohlenhydrate
1 g Fett
0 g Eiweiß

1 Würfeln Sie das Fruchtfleisch einer Ananas und geben Sie 3 EL der Würfel zusammen mit den restlichen Zutaten in ein geeignetes Gefäß.

2 Lassen Sie alles bei Raumtemperatur für 1-3 Tage fermentieren.

WASSERKEFIR MIT MELONE

4 Port. | 2-5 Tage | Leicht

Zutaten

Für die Erstfermentation:
30 g Wasserkefirkristalle
1 L Kokoswasser
3 Scheiben Bio-Zitrone

Für die Zweitfermentation:
½ Cantaloupe-Melone
1 EL Zucker
1 L Wasserkefir

Nährwerte p. P.

37 kcal
154 g Kohlenhydrate
1 g Fett
0 g Eiweiß

1 Geben Sie alle Zutaten für die Erstfermentation in ein geeignetes Gefäß und lassen Sie alles bei Raumtemperatur für 1-3 Tage ziehen.

2 Sieben Sie anschließend den Wasserkefir ab.

3 Entnehmen Sie das Fruchtfleisch der Melone und schneiden Sie es in kleine Stücke.

4 Geben Sie alle Zutaten für die Zweitfermentation in ein geeignetes Gefäß und lassen Sie es erneut für 1-2 Tage ziehen.

WASSERKEFIR MIT KOKOSNUSS UND LAVENDEL

6 Port. | 2-5 Tage | Leicht

Zutaten

Für die Erstfermentation:
30 g Wasserkefirkristalle
1 ½ L Kokoswasser
3 Scheiben Bio-Zitrone

Für die Zweitfermentation:
3 Teelöffel getrocknete Lavendelblüten
2 Zitronen
70 g Zucker
1 ½ L Wasserkefir aus der Erstfermentation

Nährwerte p. P.

75 kcal
15 g Kohlenhydrate
1 g Fett
0 g Eiweiß

1 Geben Sie die Zutaten für die Erstfermentation in ein geeignetes Gefäß und lassen Sie es für 1-2 Tage bei Raumtemperatur ruhen.

2 Sieben Sie den fermentierten Wasserkefir ab.

3 Pressen Sie die Zitronen aus und geben Sie den Saft mit den restlichen Zutaten für die Zweitfermentation in den Wasserkefir.

4 Lassen Sie alles erneut für 1-3 Tage ziehen.

5 Servieren Sie das fertige Getränk kalt.

Tipp: Geben Sie für eine bessere Optik einen Tropfen violette Lebensmittelfarbe hinzu.

KOKOSNUSS TRIFFT HIBISKUS

6 Port. | 1-3 Tage | Leicht

Zutaten

Für die Erstfermentation:
30 g Wasserkefirkristalle
1 L Kokoswasser
2 EL gefrorene Himbeeren
1 Ingwerstück (walnussgroß)
2 Hibiskus-Teebeutel
3 Scheiben Bio-Zitrone

Für den Drink:
1 L Wasserkefir aus der Erstfermentation
300 ml Kokosmilch
200 ml Mandelmilch
1 EL Ahornsirup

Nährwerte p. P.

163 kcal
10 g Kohlenhydrate
12 g Fett
1 g Eiweiß

1 Schneiden Sie den Ingwer in Scheiben.

2 Geben Sie die Zutaten für die Erstfermentation in ein geeignetes Gefäß und lassen Sie es für 1-3 Tage bei Raumtemperatur ruhen.

3 Sieben Sie anschließend den daraus gewonnenen Wasserkefir ab.

4 Erwärmen Sie Kokos- und Mandelmilch und lösen Sie darin den Sirup auf. Schäumen Sie die Milch in dem Topf auf.

5 Vermengen Sie die Milch mit dem Wasserkefir.

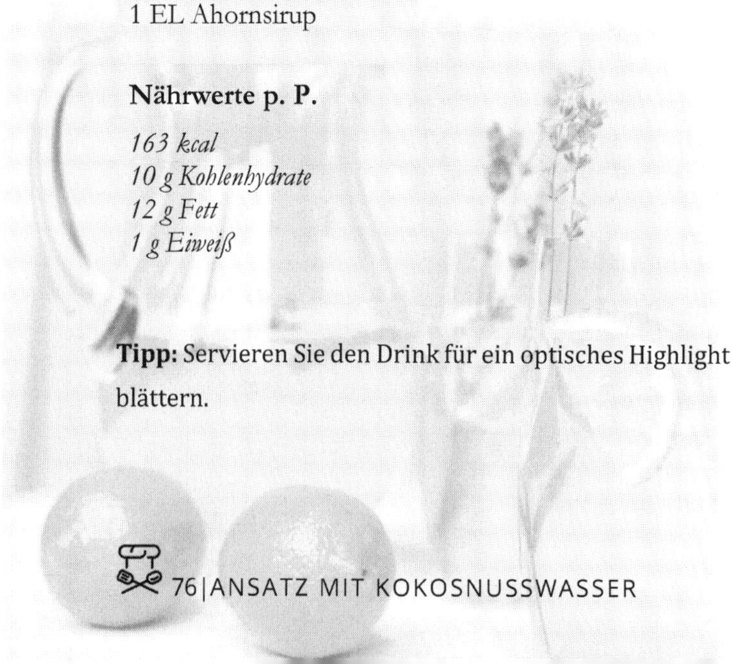

Tipp: Servieren Sie den Drink für ein optisches Highlight mit Rosenblütenblättern.

Wasserkefir mit Gemüse

GURKEN-KEFIR-LIMONADE MIT BASILIKUM

4 Port. | 2-6 Tage | Leicht

Zutaten

Für die Erstfermentation:
800 ml Wasser
30 g Wasserkefirkristalle
40 g Zucker
1 EL Melasse
3 Scheiben Bio-Limette
2 getrocknete Feigen (ungeschwefelt)

Für die Zweitfermentation:
ca. 800 ml Wasserkefir aus der Erstfermentation
ca. 5 cm Bio-Salatgurke
1 kleiner Basilikum-Stängel
1 Bio-Zitrone

Nährwerte p. P.

75 kcal
16 g Kohlenhydrate
1 g Fett
0 g Eiweiß

1 Lösen Sie Zucker und Melasse im Wasser auf und geben Sie die restlichen Zutaten der Erstfermentation mit hinzu.

2 Lassen Sie alles 1-3 Tage, je nach Geschmack, ziehen.

3 Sieben Sie den fertig fermentierten Wasserkefir ab.

4 Schneiden Sie die Gurke in Scheiben.

5 Ziehen Sie mit einem Sparschäler mehrere Streifen gelber Schale von der Zitrone ab.

6 Geben Sie die Zitronenzesten zusammen mit den restlichen Zutaten für die Zweitfermentation in ein geeignetes Gefäß und lassen Sie alles erneut für 1-3 Tage ziehen, bis der gewünschte Geschmack erreicht ist.

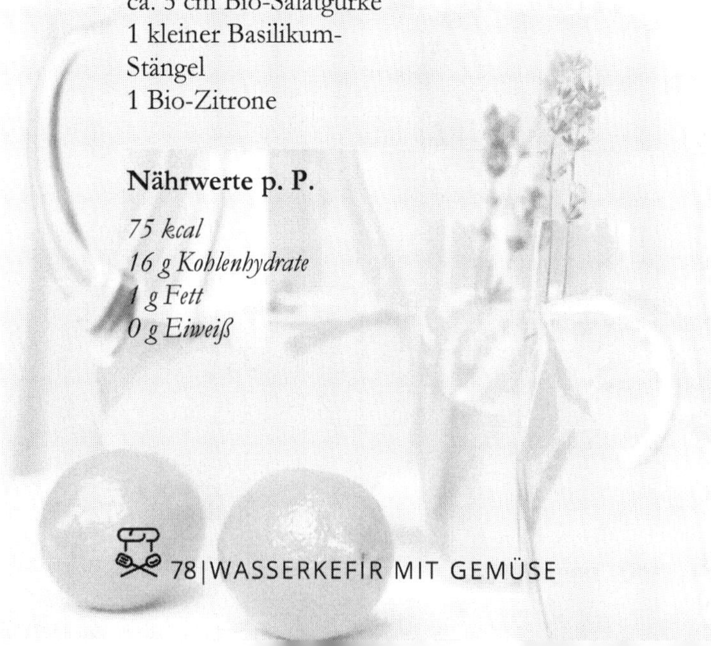

GURKEN-DILL-KEFIR-LIMONADE

4 Port. | 2-5 Tage | Leicht

Zutaten

Für die Erstfermentation:
800 ml Wasser
30 g Wasserkefirkristalle
60 g Vollrohrzucker
2 getrocknete Feigen (ungeschwefelt)
3 Zitronenscheiben

Für die Zweitfermentation:
ca. 800 ml Wasserkefir aus der abgeschlossenen Erstfermentation
3 EL Salatgurkenstücke
7-10 kleine Dillblüten-Dolden
1 Sternanis
3 Kardamomkapseln, grün, angestoßen
1 TL Zitronenzesten (optional)

Nährwerte p. P.

61 kcal
15 g Kohlenhydrate
0 g Fett
0 g Eiweiß

1 Lösen Sie Zucker im Wasser auf und geben Sie die restlichen Zutaten der Erstfermentation mit hinzu.

2 Lassen Sie alles 1-3 Tage, je nach Geschmack, ziehen.

3 Sieben Sie den fertig fermentierten Wasserkefir ab.

4 Geben Sie die Zutaten für die Zweitfermentation in ein geeignetes Gefäß und lassen Sie alles erneut für 1-2 Tage ziehen, bis der gewünschte Geschmack erreicht ist.

GURKEN-LIMETTEN-KEFIR-LIMO

4 Port. | 2-5 Tage | Leicht

Zutaten

Für die Erstfermentation:
1 L Wasser
80 g Vollrohrzucker
40 g Wasserkefirkristalle
4 getrocknete Datteln
3 unbehandelte Limettenscheiben

Für die Zweitfermentation:
½ Gurke
3 Limetten
1 l Wasserkefir aus der Erstfermentation
3 Minzstiele

Nährwerte p. P.

89 kcal
23 g Kohlenhydrate
0 g Fett
0 g Eiweiß

1 Lösen Sie Zucker im Wasser auf und geben Sie die restlichen Zutaten der Erstfermentation mit hinzu.

2 Lassen Sie alles 1-3 Tage nach Geschmack ziehen.

3 Sieben Sie den fertig fermentierten Wasserkefir ab.

4 Waschen Sie die Gurke und schneiden Sie sie in Scheiben.

5 Pressen Sie den Saft der Limetten aus, geben Sie ihn mit den restlichen Zutaten für die Zweitfermentation in ein geeignetes Gefäß und lassen Sie alles erneut für 1-2 Tage ziehen, bis der gewünschte Geschmack erreicht ist.

6 Genießen Sie die Limonade eisgekühlt.

WASSERKEFIR-MÖHREN-LIMONADE

4 Port. | 1-3 Tage | Leicht

Zutaten

Für die Erstfermentation:
800 ml Wasser
30 g Wasserkefirkristalle
80 g Vollrohrzucker
1 EL Sultaninen
1 EL frische Möhrenwürfel
Saft einer Zitrone

Für die Zweitfermentation:
100 g geriebene Möhren
800 ml Wasserkefir aus der Erstfermentation
Saft einer Zitrone
Saft einer Orange
Rohrzucker (nach Geschmack)

Nährwerte p. P.

94 kcal
23 g Kohlenhydrate
0 g Fett
1 g Eiweiß

1 Lösen Sie Zucker im Wasser auf und geben Sie die restlichen Zutaten der Erstfermentation mit hinzu.

2 Lassen Sie alles 1-3 Tage nach Geschmack ziehen.

3 Sieben Sie den fertig fermentierten Wasserkefir ab.

4 Reiben Sie die Möhren sehr fein.

5 Pressen Sie den Saft der Zitrusfrüchte aus und vermengen Sie alles mit dem Wasserkefir.

6 Schmecken Sie nach Belieben ab und geben Sie ggf. noch Rohrzucker nach (lösen Sie den Rohrzucker vorher in einem Teil des Wasserkefirgetränkes auf).

CREMIGER WASSERKEFIR MIT ROTER BETE

4 Port. | 1-3 Tage | Leicht

Zutaten

Für die Erstfermentation:
1 Glas Wasser
2 TL Zucker
1 EL frische Rote-Bete-Würfel
2 TL Wasserkefirkristalle
Spritzer Zitronensaft

Für die Zweitfermentation:
100 ml Wasserkefir aus einer Erstfermentation
475 ml Mandelmilch
25 ml Rote-Bete-Saft
2 EL Kokosblütenzucker

Nährwerte p. P.

98 kcal
24 g Kohlenhydrate
0 g Fett
0 g Eiweiß

1 Lösen Sie den Zucker in dem Wasser auf.

2 Geben Sie die restlichen Zutaten für die Erstfermentation mit hinzu.

3 Lassen Sie alles bei Raumtemperatur für 1-3 Tage ziehen.

4 Sieben Sie den fertigen Wasserkefir ab.

5 Geben Sie die Mandelmilch und den Rote-Bete-Saft in einen Topf, lassen Sie alles kurz aufkochen und schalten Sie dann den Herd aus.

6 Geben Sie die restlichen Zutaten hinzu und schlagen Sie alles leicht schaumig.

ROTE WASSERKEFIR-LIMONADE

4 Port. | 2-5 Tage | Leicht

Zutaten

Für die Erstfermentation:
600 ml Wasser
50 g Vollrohrzucker
20 g Wasserkefirkristalle
1 EL frische Rote-Bete-Würfel
1 EL Rosinen
2 Zitronenscheiben

Für die Zweitfermentation:
400 g rote Rüben
250 g Karotten
3 EL Agavensirup
3 EL Limettensaft
600 ml Wasserkefir aus der Erstfermentation

Nährwerte p. P.

120 kcal
26 g Kohlenhydrate
0 g Fett
2 g Eiweiß

1 Lösen Sie Zucker im Wasser auf und geben Sie die restlichen Zutaten der Erstfermentation mit hinzu.

2 Lassen Sie alles 1-3 Tage nach Geschmack ziehen.

3 Sieben Sie den fertig fermentierten Wasserkefir ab.

4 Waschen und würfeln Sie das Gemüse, entsaften Sie es anschließend.

5 Geben Sie alle Zutaten für die Zweitfermentation in ein geeignetes Gefäß und lassen Sie es für 1-2 Tage bei Raumtemperatur ziehen.

FRUCHTIGE ROTE-BETE-LIMONADE

6 Port. | 2-5 Tage | Leicht

Zutaten

Für die Erstfermentation:
1 L Wasser
40 g Wasserkefirkristalle
100 ml Zuckerrübensirup
½ Zitrone
3 EL getrocknete Himbeeren (alternativ andere Trockenfrüchte)

Für die Zweitfermentation:
5 Zweige Rosmarin
200 g gefrorene Himbeeren
100 ml Rote-Bete-Saft
60 g Agavendicksaft
Spritzer Apfelessig (nach Geschmack)
1 L Wasserkefir aus der Erstfermentation

Nährwerte p. P.

83 kcal
19 g Kohlenhydrate
0 g Fett
1 g Eiweiß

1 Lösen Sie Zuckerrübensirup im Wasser auf und geben Sie die restlichen Zutaten der Erstfermentation mit hinzu.

2 Lassen Sie alles 1-3 Tage bei Zimmertemperatur ziehen.

3 Sieben Sie anschließend den fermentierten Wasserkefir ab.

4 Geben Sie alle Zutaten für die Zweitfermentation in ein geeignetes Gefäß und lassen Sie es für 1-2 Tage bei Raumtemperatur ziehen.

KEFIR-LIMONADE MIT SELLERIE UND APFEL

6 Port. | 2-5 Tage | Leicht

Zutaten

Für die Erstfermentation:
1 L Wasser
40 g Wasserkefirkristalle
80 g Rohrzucker
½ Selleriestange
2 Trockenfeigen

Für die Zweitfermentation:
1 Limette
4 Stiele Minze
8 grüne Bio-Äpfel
4 EL Rohrzucker
1 L Wasserkefir aus der Erstfermentation
2 Stangen Sellerie

Nährwerte p. P.

115 kcal
27 g Kohlenhydrate
0 g Fett
0 g Eiweiß

1 Lösen Sie Zucker im Wasser auf.

2 Waschen Sie den Sellerie und schneiden Sie ihn in Scheiben. Geben Sie ihn mit den restlichen Zutaten der Erstfermentation in das Zuckerwasser.

3 Lassen Sie alles 1-3 Tage bei Zimmertemperatur ziehen.

4 Sieben Sie anschließend den fermentierten Wasserkefir ab.

5 Entsaften Sie Äpfel, Limette und Selleriestangen.

6 Lösen Sie den Zucker in dem Saft auf.

7 Vermengen Sie alle Zutaten für die Zweitfermentation und lassen Sie alles bei Zimmertemperatur für 1-2 Tage ziehen.

Wasserkefirrezepte für die Seele

CREMIGE ORANGE MIT VANILLE

5 Port. | 2-6 Tage | Leicht

Zutaten

Für die Erstfermentation:
1 L Wasser
40 g Wasserkefirkristalle
80 g Rohrzucker
4 Scheiben Orange
3 EL Rosinen

Für die Zweitfermentation:
1 L Wasserkefir
130 ml frisch gepresster Orangensaft
1 TL Bourbon-Vanille
3 EL Kokosmilch
3 St. kandierter Ingwer

Nährwerte p. P.

81 kcal
20 g Kohlenhydrate
0 g Fett
0 g Eiweiß

1 Lösen Sie den Zucker im Wasser auf.

2 Geben Sie die restlichen Zutaten für die Erstfermentation mit hinzu und lassen Sie das Ganze bei Zimmertemperatur 1-3 Tage ziehen.

3 Sieben Sie den Wasserkefir ab.

4 Geben Sie alle Zutaten für die Zweitfermentation in ein geeignetes Gefäß und lassen Sie es bei Zimmertemperatur für 1-3 Tage ziehen.

EISKAFFEE MIT WASSERKEFIR

6 Port. | 1-3 Tage | Leicht

Zutaten

Für die Erstfermentation:
500 ml Wasser
40 ml Honig
20 g Wasserkefirkristalle
1 EL Kaffeebohnen
1 Zitronenscheibe
1 Dattel

Für den Eiskaffee:
500 ml Wasserkefir aus der Erstfermentation
750 ml starker Kaffee
4 EL Honig
200 ml Milch
1 TL Bourbon-Vanille
Eiswürfel

Nährwerte p. P.

57 kcal
10 g Kohlenhydrate
1 g Fett
1 g Eiweiß

1 Lösen Sie den Honig im Wasser auf.

2 Geben Sie die restlichen Zutaten für die Erstfermentation mit in das Wasser.

3 Lassen Sie den Sud für 1-3 Tage bei Raumtemperatur ziehen.

4 Sieben Sie den fertig fermentierten Wasserkefir ab.

5 Lösen Sie den Honig in dem Kaffee auf und lassen Sie alles auf Zimmertemperatur abkühlen.

6 Vermengen Sie alle Zutaten für den Eiskaffee bis auf die Eiswürfel miteinander.

7 Stellen Sie das fertige Getränk kalt und servieren es mit Eiswürfeln.

WASSERKEFIR-SODA MIT ORANGE UND SCHOKOLADE

4 Port. | 2-4 Tage | Leicht

Zutaten

Für die Erstfermentation:
750 ml Wasser
30 g Wasserkefirkristalle
30 g Zucker
3 Scheibe Orange
1 EL Orangenzesten

Für die Zweitfermentation:
750 ml Wasserkefir aus der Erstfermentation
130 ml Orangensaft
1 EL Backkakao
130 ml Wasser

Nährwerte p. P.

52 kcal
12 g Kohlenhydrate
0 g Fett
1 g Eiweiß

1 Lösen Sie den Zucker in dem Wasser auf.

2 Geben Sie die restlichen Zutaten für die Erstfermentation mit hinzu und lassen Sie alles bei Zimmertemperatur für 1-2 Tage ziehen.

3 Bringen Sie die 130 ml Wasser zum Kochen und lösen Sie darin den Kakao auf. Lassen Sie das Kakaowasser so lange köcheln, bis es um die Hälfte reduziert ist.

4 Sieben Sie den Wasserkefir ab und vermengen Sie ihn mit dem Orangensaft.

5 Geben Sie den Kakao hinzu, sobald er etwas abgekühlt ist.

6 Lassen Sie alles für 1-2 Tage bei Zimmertemperatur fermentieren.

PFEFFERMINZ-WEIẞE-SCHOKOLADE-WASSERKEFIR

5 Port. | 2-4 Tage | Leicht

Zutaten

Für die Erstfermentation:
1 L Wasser
40 g Wasserkefirkristalle
60 g weißer Zucker
1 Scheibe Zitrone
3 Datteln
5 Pfefferminzblätter

Für die Zweitfermentation:
2 EL weiße Trinkschokolade
100 ml Wasser
1 L Wasserkefir
2 Tropfen Pfefferminzöl oder 5 Pfefferminzblätter

Nährwerte p. P.

58 kcal
13 g Kohlenhydrate
0 g Fett
1 g Eiweiß

1 Lösen Sie den Zucker in dem Wasser auf.

2 Geben Sie die restlichen Zutaten hinzu und lassen Sie alles für 1-2 Tage ziehen.

3 Sieben Sie den Wasserkefir ab.

4 Lösen Sie die Trinkschokolade im 100 ml heißen Wasser auf.

5 Vermengen Sie alle Zutaten für die Zweitfermentation und lassen Sie die Mischung erneut 1-2 Tage ziehen.

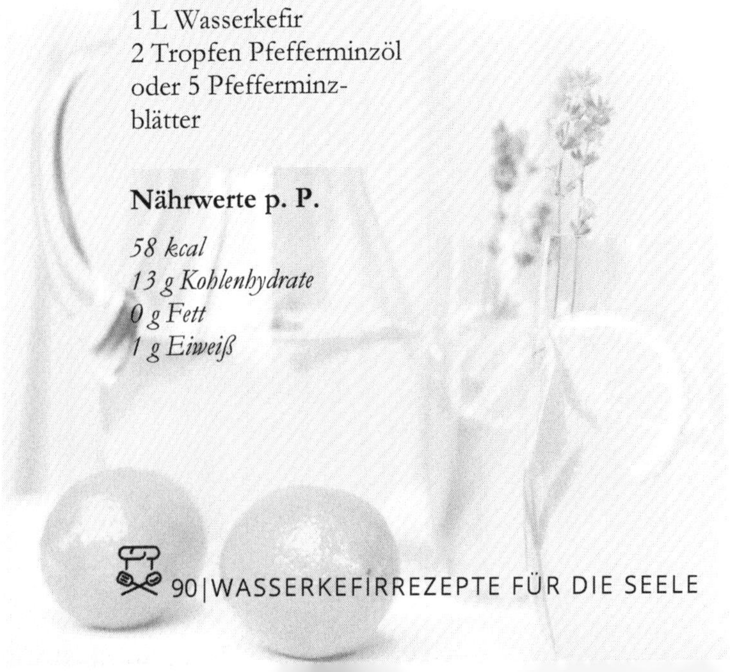

WASSERKEFIR MIT KAKAO

4 Port. | 1-2 Tage | Leicht

Zutaten

Für die Erstfermentation:
250 ml Kokoswasser
10 g Wasserkefirkristalle
1 Scheibe Zitrone

Für die Zweitfermentation:
250 ml Wasserkefir aus der Erstfermentation
2 gefrorene Bananen
½ Avocado
2 EL Backkakao
2 EL Kollagen-Hydrolysat
Kakaonibs (zum Verzieren)

Nährwerte p. P.

115 kcal
11 g Kohlenhydrate
7 g Fett
2 g Eiweiß

1 Geben Sie alle Zutaten für die Erstfermentation in ein geeignetes Gefäß und lassen Sie es anschließend bei Raumtemperatur für 1-2 Tage fermentieren.

2 Entnehmen Sie das Fruchtfleisch einer halben Avocado.

3 Sieben Sie den fermentierten Wasserkefir ab und geben Sie ihn mit den Zutaten für die Zweitfermentation in einen Mixer.

4 Pürieren Sie alles auf höchster Stufe leicht schaumig.

WASSERKEFIR MIT EISCREME

2 Port. 5 Min Leicht

Zutaten

1 Tasse Vanilleeis
1 Tasse Wasserkefir aus einem klassischen Ansatz (siehe Kapitel klassische Ansätze)
¼ Tasse frische Beeren nach Wahl

Nährwerte p. P.

293 kcal
40 g Kohlenhydrate
13 g Fett
4 g Eiweiß

1 Geben Sie das Eis löffelweise in ein Glas.

2 Drapieren Sie die frischen Beeren darüber.

3 Übergießen Sie das Ganze mit dem Wasserkefir.

Wasserkefir in Smoothies

ANANAS-WASSERKEFIR-SMOOTHIE

2 Port. | 10 Min. | Leicht

Zutaten

200 ml Wasserkefir
½ Ananas
1 Handvoll frisches Basilikum

Nährwerte p. P.

78 kcal
18 g Kohlenhydrate
0 g Fett
1 g Eiweiß

1 Bereiten Sie den Wasserkefir nach dem klassischen Ansatz (siehe Kapitel „Klassische Ansätze") vor.

2 Entnehmen Sie 200 ml der fertigen Wasserkefir-Limonade.

3 Schälen und würfeln Sie die Ananas, waschen und zupfen Sie das Basilikum.

4 Geben Sie alle Zutaten in einen Mixer und pürieren Sie alles zu einem Smoothie.

WASSERKEFIR-SELLERIE-SMOOTHIE

4 Port. 10 Min. Leicht

Zutaten

500 ml Wasserkefir aus einem klassischen Ansatz
5 Stängel Staudensellerie
1 Salatgurke
1 Handvoll Rucola
1 Handvoll Petersilie

Nährwerte p. P.

33 kcal
5 g Kohlenhydrate
0 g Fett
1 g Eiweiß

1 Waschen Sie Kräuter und Gemüse und hacken Sie alles grob.

2 Geben Sie alle Zutaten in einen Mixer und pürieren Sie diese, bis die gewünschte Feinheit erreicht ist.

WASSERKEFIR-OBSTSMOOTHIE

4 Port. | 1-3 Tage | Leicht

Zutaten

Für die Erstfermentation:
300 ml Wasser
1 EL Zucker
½ Tasse Ananaswürfel
10 g Wasserkefirkristalle

Für den Smoothie:
2 Tassen Mangowürfel
1 Tasse entsteinte Kirschen
300 ml Wasserkefir aus der Erstfermentation

Nährwerte p. P.

91 kcal
20 g Kohlenhydrate
1 g Fett
1 g Eiweiß

1 Lösen Sie den Zucker in dem Wasser auf.

2 Geben Sie die restlichen Zutaten für die Erstfermentation mit hinzu.

3 Lassen Sie die Wasserkefirkristalle für 1-3 Tage bei Raumtemperatur fermentieren.

4 Sieben Sie den fermentierten Wasserkefir ab und geben Sie ihn zusammen mit den Mangowürfeln in einen Mixer.

5 Geben Sie die restlichen Früchte hinzu und pürieren Sie alles zu einem Smoothie.

KIBA-SMOOTHIE

2 Port. 5 Min. Leicht

Zutaten

ein halbes Glas Sauerkirschen (entsteint)
eine reife Banane
200 ml Wasserkefir aus einem klassischen Ansatz (siehe Kapitel „Klassische Ansätze“)

Nährwerte p. P.

102 kcal
24 g Kohlenhydrate
0 g Fett
1 g Eiweiß

1 Geben Sie alle Zutaten in einen Mixer und pürieren Sie alles zu einem Smoothie.

WASSERKEFIR-SORBET-COCKTAIL

6 Port. 15 Min. Leicht

Zutaten

500 ml Wasserkefir aus einem klassischen Ansatz (siehe Kapitel „Klassische Ansätze“)
600 g Wassermelone
200 g Zitronen-Sorbet
für die Dekoration etwas Minze

Nährwerte p. P.

98 kcal
23 g Kohlenhydrate
0 g Fett
1 g Eiweiß

1 Setzen Sie Wasserkefir mit dem klassischen Ansatz an und entnehmen Sie 500 ml.

2 Wiegen Sie 600 g Fruchtfleisch einer Wassermelone ab und entkernen Sie es. Pürieren Sie das Fruchtfleisch und vermengen Sie es mit dem Wasserkefir.

3 Geben Sie das Sorbet löffelweise in den Cocktail und garnieren Sie diesen mit frischer Minze.

Speisen mit Wasserkefir

WASSERKEFIR-BROT

6 Port. | 7-8 Std. | Mittel

Zutaten

500 g Weizenmehl
1,5 TL Salz
2 TL Brotgewürz
1 TL Zucker
370 g Wasserkefir-kristalle
200 ml Wasser

Nährwerte (ohne Wasserkefirkristalle) p. P.

286 kcal
60 g Kohlenhydrate
1 g Fett
8 g Eiweiß

1 Geben Sie alle Zutaten bis auf das Wasser zusammen in eine Rührschüssel und vermengen Sie alles gut, sodass die Kefirkristalle vollständig mit Mehl ummantelt sind.

2 Geben Sie nach und nach das Wasser unter ständigem Kneten hinzu.

3 Lassen Sie den Teig für 7-8 Stunden bei Raumtemperatur ruhen.

4 Heizen Sie den Backofen auf 200 °C vor.

5 Stürzen Sie den Teig vorsichtig in die Backform und backen Sie ihn zusammen mit einer Schale Wasser für 50-60 Minuten. Schneiden Sie nach 20 Minuten Backzeit die Kruste an, damit der Teig weiter aufgehen kann.

6 Lassen Sie das Brot vor dem Anschneiden komplett auskühlen.

VEGETARISCHE BOLOGNESE MIT WASSERKEFIR

4 Port. | 15 Min. | Leicht

Zutaten

2 Zwiebeln
3 Knoblauchzehen
3 EL Öl
1 Glas Wasserkefir-kristalle
500 ml passierte Tomaten
½ TL Salz
Prise Paprikapulver
Prise Pfeffer
1 TL Butter
160 g Nudeln nach Wahl

Nährwerte (ohne Wasserkefirkristalle) p. P.

279 kcal
38 g Kohlenhydrate
10 g Fett
7 g Eiweiß

1 Bereiten Sie die Nudeln nach Packungsbeilage zu.

2 Schälen und würfeln Sie die Zwiebeln und braten Sie diese mit Öl in einer Pfanne glasig.

3 Schälen Sie den Knoblauch und geben Sie ihn durch eine Presse zu den glasigen Zwiebeln.

4 Löschen Sie den Pfanneninhalt mit den passierten Tomaten ab.

5 Geben Sie die Wasserkefirkristalle und die Gewürze mit in die Soße und schmecken Sie diese ab.

6 Geben Sie zum Schluss das Stück Butter mit in die Soße.

Tipp: Da sich Wasserkefir ständig vermehrt, stellt sich mit der Zeit die Frage, wohin damit. Tomatensoße mit Wasserkefirkristallen ist eine einfache Möglichkeit, um überschüssige Kristalle sinnvoll zu verwenden. Der Geschmack der Soße wird leicht säuerlich und erinnert an Tomatensoße mit Rotwein.

VEGETARISCHE WASSERKEFIR-BOULETTEN

4 Port. | 20 Min. | Leicht

Zutaten

50 ml Öl
400 g Kefirkristalle (Wasserkefirkristalle)
1 Zwiebel
5 EL Haferflocken
200 ml Wasser
1 TL Gemüsebrühe, instant
1 TL Salz
½ TL schwarzer Pfeffer
½ TL Paprikapulver, rosenscharf
2 EL Tomatenketchup
1 Ei
Paniermehl

Nährwerte (ohne Wasserkefirkristalle) p. P.

307 kcal
38 g Kohlenhydrate
14 g Fett
6 g Eiweiß

1 Schälen und würfeln Sie die Zwiebel und braten Sie diese in einer hohen Pfanne (ggf. Topf) glasig.

2 Lösen Sie die Brühe in dem Wasser auf.

3 Sieben Sie die Wasserkefirkristalle ab und geben Sie diese zusammen mit der Brühe zu den Zwiebeln.

4 Mischen Sie die Haferflocken unter und lassen Sie alles unter ständigem Rühren 5 Minuten köcheln.

5 Nehmen Sie die Pfanne vom Herd und lassen Sie die sich darin befindliche Masse erkalten.

6 Geben Sie Ketchup, Gewürze und das Ei in die Pfanne. Vermengen Sie alles gründlich miteinander. Geben Sie nach und nach das Paniermehl hinzu, so lange, bis eine gut formbare Masse entsteht.

7 Formen Sie platte Bouletten aus der Masse und braten Sie diese von beiden Seiten in Öl goldbraun an.

Tipp: Da sich Wasserkefir ständig vermehrt, stellt sich irgendwann die Frage, wohin mit den überschüssigen Kristallen. Wasserkefirkristalle enthalten reichlich Eiweiß und eignen sich daher gut als Hackfleischersatz.

MÖHRENSALAT MIT WASSERKEFIR-FRÜCHTEN

6 Port. 20 Min. Leicht

Zutaten

600 g Karotten
2 kleine Äpfel
3 Zweige frische Minze
1 Frühlingszwiebel
125 ml Wasserkefir
einige EL durchweichte Trockenfrüchte aus dem Wasserkefir-Ansatz
2-3 EL Apfelessig
3-4 EL Öl
Prise Salz
Prise Pfeffer

Nährwerte p. P.

108 kcal
13 g Kohlenhydrate
5 g Fett
1 g Eiweiß

1 Raspeln Sie die Möhren und würfeln Sie die Äpfel.

2 Waschen und hacken Sie die Minze und die Frühlingszwiebel.

3 Pürieren Sie die Trockenfrüchte und geben Sie die restlichen Zutaten hinzu. Vermengen Sie alles zu einem Salat und schmecken Sie diesen ab.

4 Lassen Sie den Salat eine Stunde ziehen.

PROBIOTISCHES APFELMUS

4 Port. 10 Min. Leicht

Zutaten

500 ml Bio-Wasserkefir
4 große Äpfel
1 EL Zitronensaft
½ TL Zimt

Nährwerte p. P.

78 kcal
18 g Kohlenhydrate
0 g Fett
0 g Eiweiß

1 Schälen und würfeln Sie die Äpfel.

2 Geben Sie sämtliche Zutaten in einen Mixer und pürieren Sie diese, bis die gewünschte Feinheit der Masse erreicht ist.

3 Schmecken Sie nach Belieben ab.

WASSERKEFIR CHIAPUDDING

4 Port. | 2-4 Tage | Leicht

Zutaten

Für die Erstfermentation:
600 ml Wasser
30 g Zucker
20 g Wasserkefirkristalle
2 Zitronenscheiben
10 gefrorene Erdbeeren
½ Bund Zitronenmelisse

Für die Zweitfermentation:
600 ml Wasserkefir
100 g Chiasamen

Nährwerte p. P.

145 kcal
11 g Kohlenhydrate
8 g Fett
5 g Eiweiß

1 Lösen Sie den Zucker im Wasser auf.

2 Geben Sie die restlichen Zutaten für die Erstfermentation hinzu und lassen Sie alles für 1-3 Tage bei Raumtemperatur ziehen.

3 Sieben Sie den Wasserkefir ab und vermengen Sie ihn mit den Chiasamen.

4 Lassen Sie den Chiapudding für einen Tag im Kühlschrank quellen.

HIMBEERGELATINE

8 Port. | 1-2 Tage | Leicht

Zutaten

Für die Fermentation:
1 L Wasser
1 Tasse gefrorene Himbeeren
100 g Zucker
4 Scheiben Zitrone
30 g Wasserkefirkristalle

Für die Gelatine:
18 Blätter Gelatine
1 L Wasserkefir

Nährwerte p. P.

69 kcal
13 g Kohlenhydrate
0 g Fett
4 g Eiweiß

1 Lösen Sie den Zucker in dem Wasser auf.

2 Geben Sie die restlichen Zutaten für die Fermentation mit hinzu.

3 Lassen Sie alles bei Zimmertemperatur für 1-2 Tage ziehen.

4 Sieben Sie den fertigen Wasserkefir ab.

5 Weichen Sie die Gelatine-Blätter nach Packungsanleitung auf.

6 Nehmen Sie die Hälfte des Wasserkefirs und erwärmen Sie ihn leicht, sodass sich die Gelatine-Blätter in ihm auflösen.

7 Sobald alle Blätter aufgelöst sind, rühren Sie die Gelatinemasse in den restlichen Wasserkefir.

8 Geben Sie den Wasserkefir in eine mit Backpapier ausgelegte Form und lassen Sie die Masse im Kühlschrank erstarren.

9 Schneiden Sie die fertige Gelatine anschließend in Häppchen.